常に此に住して法を説く

庭野日敬 平成法話集 3

つねにここにじゅうしてほうをとく

佼成出版社

バチカン、シノドスホールで（1994年11月撮影）

東京都杉並区、立正佼成会大聖堂で（1992年12月撮影）

常に此に住して法を説く

本書における「法華三部経」の各経典名ならびに品名の読みは、『新釈法華三部経』（全十巻・庭野日敬著／佼成出版社刊）に従いました。

はじめに

昭和五十三年、本会では「(創立から)四十年を一区切りとして会史をまとめておくことは大切」という開祖さまのご指導にもとづき、『立正佼成会史』(全七巻)の編纂《へんさん》が始まり、同五十八年の三月五日にその第一巻が発刊されました。

同じころ『庭野日敬法話選集』の編集も進められ、昭和五十三年十一月十五日から五十八年までのあいだに全八巻すべての刊行がなされています。当時、「庭野日敬法話選集編纂委員会」の委員長をつとめられた庭野日鑛《にちこう》現会長は、「この法話選集が本会の会員によって永く読み継がれ、末法時代における仏道修行者の聖典の一つとなることを念願いたします」と述べておられますが、その前段として「この法話選集は庭野会長(当時・開祖さま)の法話の総集成であり、また会長自らの信仰体験にもとづく言行録としての総集成でもあります」と明言されています。『庭野日敬法話選集』は、つまり本会が創立してから四十年のあいだに培われた、いわば「立正佼成会の教えの全容」であり、開祖さまが求め、示し続けられた「世界・人類の平和実現の大道」がまとめられたものであったということです。

それからも、機関誌紙はもちろん数多くの書籍や冊子をとおして開祖さまのお言葉が随時会員のもとに届けられ、教団の救い救われの展開に大きな力を与えてくださいました。

そして今年（平成三十年）、教団創立八十年を迎えた私たちには、「教団創立百年」を見すえて示された教団の基本構想、長期構想を踏まえて、新たな決意と創造が求められています。

ところで、開祖さまが機関誌紙をとおして「ご法話」をお分けくださった最後がいつであるかをご存じでしょうか。平成十年「佼成」十一月号が、それに当たります。そしてその年の春、会長先生は『心田を耕す』を著わされているのですが、会長先生は法燈を継承された平成三年以来、じっくりと開祖さま最晩年のご法話をかみしめられたうえで、「心田を耕す」という信仰者としての大事を私たちにお示しくださったと拝察できます。

さていま、新たな地平に踏み出そうとする私たちにとって、開祖さまのご遺言ともいえる最晩年のご法話は、かつて『庭野日敬法話選集』によって多くの方が釈尊の本懐や本会の眼目、そして信者一人ひとりの信仰姿勢や生き方を学ばせていただいたのと同じように、「教団創立百年」に向けた足固めをするうえで格好の指南書となるはずです。

それは、教団の長期構想の使命を証《あか》し、かつ私たちの前進と創造を助けてくださる、いわば開祖さまからの極上のプレゼントといえるのではないでしょうか。

なお、この『庭野日敬平成法話集』（全三巻）は、「佼成」誌（平成元年〜十年）に掲載されたご法話をもとに、時間的経過にともなって必要が生じた修正や、文言の理解を助けるための補筆等を行ない編んだものです。

立正佼成会教務部

（※本稿は第一巻、第二巻と共通のものです）

まえがき

暮らしに息づく法華経をつかもう

立正佼成会前理事長・徳島教会長　國富敬二

いきなり私事《わたくしごと》で恐縮ですが、私が平成元年に初めて教会長のお役を拝命したときのことが、本書を拝読して真っ先に思い起こされました。そのとき、開祖さまから頂戴《ちょうだい》したご指導は、法華経《ほけきょう》・譬諭品《ひゆほん》第三の教えを引いたもので、「今《いま》此《こ》の三界《さんがい》は　皆《みなこ》是れ我《わ》が有《う》なり　其《そ》の中《なか》の衆生《しゅじょう》は　悉《ことごと》く是れ吾《わ》が子《こ》なり　而《しか》も今此《いまこ》の処《ところ》は　諸《もろもろ》の患難《げんなん》多《おお》し　唯我一人《ただわれいちにん》のみ　能《よ》く救護《くご》を為《な》す」の経文どおり、「仏さまが、みんなかわいい〝吾が子〟とおっしゃっているのだから、仏さまを信じてつとめればいいんだよ。たとえ困難に遭っても、仏さまはいつでも見守ってくださっているから安心しなさい」という励ましと受けとめたように思います。

それから数年ののち、ある法座の席で私の質問にお答えくださったときも、開祖さまはまた、譬諭品第三の教えをお説きくださいました。顧《かえり》みれば、信仰生活の節目において頂戴した開祖さまからのご指導は、不思議と法華経の譬諭品をとおしてのものだったのです。

そしていま、開祖さまが残された平成法話集の掉尾《ちょうび》を飾る『常に此に住して法を説く』の「まえがき」を書かせていただくにあたり、本書を拝読して驚きました。文中、随所に散見される譬諭品第三の経文をもって、私は三度《みたび》、開祖さまから、これからの歩みを考える機会をいただいたように思えたからです。

奇《く》しくも、四年ぶりに教会長のお役を拝命し、新たなスタートを切ろうとするいま、このご指導が私に何を教えてくださっているのだろうかと、法華経の教えと実人生とを重ねて受けとめずにはいられませんでした。なにごとも自分で解決しようとすることの多い私に、開祖さまがあらためて、「自分で何とかしようとがんばるばかりでなく、仏さまを信じて、おまかせすることを忘れてはいけないよ」とお諭《さと》しくださったものと受けとめさせていただいたのです。

これから本書をご覧になるみなさまにとりましても、同様に、開祖さま最晩年のご法話の一つ一つが、お一人お一人にとって大切な人生の指南書になるものと思います。その意味で、いま少し私の読後感をお伝えし、それが多少でも本書の水先案内となれば幸いです。

まず、本書のきわだった味わいの一つは、行間から開祖さまの息づかいや命の躍動感が強く感じられるところです。開祖さまがすぐそばで語りかけてくださっているかのような文章のリズムにのせて、「みんなを幸せにしたい」と願われる開祖さまのエネルギーが伝わってくるのです。それは、見方を変えると、日常生活のなかで法がいきいきとはたらき、法華経が暮らしのそここに生きていることを「なんとかわかってもらいたい」という情熱にほかなりません。

開祖さまがご自身の体験をまじえてお伝えくださるご法話によって、みなさまもきっと、何気ない暮らしの一コマ一コマを彩《いろど》る法華経の教えをつかむ喜びと、日常生活において法華経を身で読む醍醐味《だいごみ》を知るに違いありません。そして、それを体解《たいげ》され、法華経をそのままに生きられた開祖さまのように自分も生きたいと思わせられるのではないでしょうか。

それには、仏の願いを自分の願いとして生きることがいちばんの近道であり、みんなに幸せになってもらいたいという仏の願いを受けて、私たち一人ひとりが自分はもちろん、自分に縁のある人さまをも菩薩道《ぼさつどう》に導く、そのことが大切なのだと本書から読みとることができます。それは、仏さまのまねをすればだれでも自然に、生命《いのち》の充実感に満ちた生きがいあふれる人生を歩むことができるということで、開祖さまがやさしい語り口でそのありようをお示しくださっているのが、本書の二つめの味わい深い特長だと私は受けとめています。

さらに、開祖さまのように生きたいという意味で挙げられる本書の特長の三つめは、「明るく、優しく、温かな人になる」ことの大切さが、ご法話の端々から感じられる点です。詳しくは本文をご覧いただきたいと思いますが、私の印象にもっとも強く残った一節をご紹介したいと思います。

「たとえば家族のだれかが、『うちのお父さんは』『うちのお母さんは』といってくれることがあるはずです。『お父さんがしっかり仕事をしてくれて、生活にも恵まれて、こんな幸せはないね』というようなことを奥さんがいったとすれば、それは仏さまの『善哉《ぜんざい》、善哉』という声と同じだといっていいでしょう」

「家族という、いつも自分を見ている人がいる場所に、仏さまはいらっしゃるのです。仏さまを、自分以外の遠いところに見るのではなくて、自分の身近な場で、あるいは自分のなかに『仏』を発見することが大事なのです」

身近な人が、仏さまになりかわって「善哉、善哉」と声をかけてくださり、そうした声を暮らしのなかでいつも聞くことのできる人が、「明るく、優しく、温かな人」であり、何よりも「法華経を生きる人」といえるのではないかと思います。もちろん、私もそのようにありたいと心から願うものです。

そのための絶好のヒントが、この開祖さまの平成法話集一から三のすべてに詰まっていると、私は確信しています。まるで、開祖さまがいつでも私たちのそば近くで見守り、「安心して菩薩の道を歩みなさい」と語ってくださるように感じられるのです。

令和六年初春

序

仏さまの説法を聞く

庭野日敬

仏さまが見ていらっしゃる

みなさんもご存じと思いますが、村外れに立っているお地蔵さまが、子どもたちが元気に遊んでいる姿をいつもニコニコと笑顔で見守っている、という童謡があります。同じ意味で、私たちはよく「お天道さまが見ていらっしゃる」といったりします。このように、「神さまや仏さまが、いつも私たちを見てくださっている」という考え方は、日本人が大切にしてきたものの一つでしょう。

人間は、ただ一人でいるときは、ともすると、ちょっとしたよくないことをしがちです。「小人閑居《しょうじんかんきょ》して不善をなす」という古くから伝わる諺《ことわざ》のとおりです。ところが、「神さま、仏さまが、いつもご照覧くださっている」という気持ちになると、神さまや仏さまをごまかすことはできません。「陰日向《かげひなた》なく、善根功徳を積んでいけばいいのだ」という気持ちになってきます。

仏さまが見ていらっしゃるといっても、偉すぎて寄りつきがたい、ちょっと怖いような人に見られている、というのではありません。仏さまから見ると、私たちはみんな、仏さまの子どもなのです。

法華経《ほけきょう》の「譬諭品《ひゆほん》」に、とても大事なことが説かれています。お釈迦《しゃか》さまは、「今此《いまこ》の三界《さんがい》は　皆《みなこ》是れ我《わ》が有《う》なり　其《そ》の中《なか》の衆生《しゅじょう》は　悉《ことごと》く是《こ》れ吾《わ》が子《こ》なり」と、明言されているのです。つまり、私たちはみんな仏さまの子どもである、ということです。そのように仏さまは、私たち衆生がかわいくてかわいくて、たまらないのです。

仏さまは、「頼りない子だけれども、あの子も精いっぱい努力しているから」と、見てくださっているのです。仏さまは、私たちが幸せになる方向に、手をとって案内してくださるのです。

自分が「仏さまに見られている」ということのいい例は、自分が仏道に導いた人たちや家族を見ればわかることです。その人たちは、いつも自分のすることを見てくれるわけです。そのことを思えば、恥ずかしい行ないはできません。「どうか見てください。どこからでも見てください」という気持ちになれば、だれが見てもおかしくない行ないができていきます。

こういいますと、「いつも人に見られているのでは楽でない。そんな窮屈なことは、ごめんこうむりたい」と思う方もいるかと思います。そこのところで、「私のすることの、よい面も悪い面もお手本になるはずですから、どうぞ、私をよく見てください」となれば、かえって楽な気持ちになれるのです。それが仏道といってもいいでしょう。

日蓮聖人《にちれんしょうにん》は「成仏は持《たも》つにあり」といわれていますが、自分がまっすぐに仏道を歩めるのも、教えを受持《じゅじ》できるのも、導きの子どもや家族のお陰さまなのです。

常に此に住して法を説く

法華経の「如来寿量品《にょらいじゅりょうほん》」には、「常《つね》に此《ここ》に住《じゅう》して法《ほう》を説《と》く」とあります。仏さまは、私たちが正しい道を歩めるように、常に法を説かれている、というのです。私たちはその説法に耳を傾けて、日々の生き方を迷いや悩みのないものにしていきたいものです。

道元禅師《どうげんぜんじ》に「峰の色　谷の響きもみなながら　わが釈迦牟尼《しゃかむに》の声と姿と」という道歌がありますが、これも「常住此説法《じょうじゅうしせっぽう》」ということを説いているのでしょう。

道元禅師は、山のたたずまいや谷川のせせらぎの音にも、仏さまのお姿を見、仏さまのお声を聞いているのです。私たちはなかなかそういう境地にまではなれないにしても、日々ふれあう人たちの言動に仏さまの説法を聞くことは、心がけ次第でだれにでもできることでしょう。

私たちの耳に仏さまの説法がなかなか聞こえてこないのは、自分中心の心や自分の煩悩《ぼんのう》にとらわれているからです。私たちみんなに「仏性《ぶっしょう》」がそなわっている一方で、消しがたい煩悩の火が燃えさかっていることも確かです。

たとえば、新聞などでさまざまな犯罪事件が報道されますが、ともすると「あんなことをするのは人間じゃない」といった見方をしがちです。しかし、仏教では「同じ仏性がそなわっている人間でも、悪縁にふれると悪事に走ることがある」と見ます。つまり、「一歩間違えば、自分も悪い心を起こし、同じ悪事をしかねない」と見るわけです。

自分にもそういう要因があると知れば、悪縁にふりまわされないように、心の手綱《たづな》を引き締めていけます。どこまでも清浄な気持ちで、仏さまを慕ってその道を歩んでいけば、悪い心に足をすくわれる危険もないわけです。

「善哉、善哉」の声が聞こえる

もう昔のことですが、私の家内が「いつになったら信仰をやめるのですか」と訊《き》いてきたことがあります。私に、仕事ひとすじに精を出してほしいという気持ちで、そう訊いたわけです。

そこで私は、「お経を読んでみると、お弟子たちが『いまの教えは、このように受けとめてよろしいでしょうか』とお尋ねすると、お釈迦さまは『善哉《ぜんざい》、善哉』とおっしゃっている。私は、空中から『善哉、善哉』という声がするまで、法華経の信仰を続けるよ」と答えたものです。

仏さまが「善哉、善哉」と声をかけてくださる、それが信仰の目標であるといってもいいでしょう。でも、むずかしく考えることはありません。仏さまは、私たちがかわいいのですから、私たちが当たり前のことを素直に実行すれば、「善哉、善哉」と喜んでくださるのです。

たとえば家族のだれかが、「うちのお父さんは」「うちのお母さんは」といってくれることがあるはずです。「お父さんがしっかり仕事をしてくれて、生活にも恵まれて、こんな幸せはないね」というようなことを奥さんがいったとすれば、それは仏さまの「善哉、善哉」という声と同じだといっていいでしょう。

娘や息子が、「お母さんは『ありがたい、ありがたい』が口ぐせで、それでまわりの人たちにも頼りにされ、家庭も円満におさまっているというのは、幸せな境涯だなあ」といってくれる。子どもやご主人からそういう言葉が出たとすれば、それこそ仏さまの「善哉、善哉」という声といえましょう。

在家仏教は、身近にいる人を満足させられなければ意味がないのです。一つ屋根の下に住んでいる家族が、年じゅう不平不満をもっているか、「あのようになりたい」という尊敬の気持ちでいるか、そこに幸せと不幸の大きな差が出てきます。

家族という、いつも自分を見ている人がいる場所に、仏さまはいらっしゃるのです。仏さまを、自分以外の遠いところに見るのではなくて、自分の身近な場で、あるいは自分のなかに「仏」を発見することが大事なのです。ですから、在家仏教では家庭が大事だというのです。

朝起きて、ご供養をさせていただいて、ありがたい気持ちになれた。朝ご飯もおいしかった。それが信仰によってもたらされる最大の功徳です。読経し終わったとき「ありがとうございました」と、ほんとうに仏さまにお礼がいえる。その「ありがたい」と思ったときこそ、仏さまの気持ちとピタッと一致しているといっていいでしょう。そして、自分が少しでもまわりの人のために働けて、そこに喜びを感じるときも、「自分はいま、仏さまの気持ちと一致しているのだなあ」と思えるはずです。

「方便品《ほうべんぽん》」に「心《こころ》に大歓喜《だいかんぎ》を生《しょう》じて自《みずか》ら当《まさ》に作仏《さぶつ》すべしと知《し》れ」とありますが、そんなに大きな歓喜でなくても、しみじみと「ありがたい」という気持ちが湧くとき、それは仏さまの「善哉、善哉」の声が聞こえた、といっていいでしょう。

お互いさま、毎日の仕事に追われるなかでも、いつも耳を澄まし、心を澄まして、ふれあう人たちから、社会に起こるさまざまなものごとから、そして身のまわりの大自然のたたずまいからも、仏さまの説法を聞こうではありませんか。

庭野日敬平成法話集 3

常に此に住して法を説く

——目次

はじめに　立正佼成会教務部　3

まえがき　暮らしに息づく法華経をつかもう　立正佼成会前理事長・徳島教会長　國富敬二　6

序　仏さまの説法を聞く　11

第一章　仏になる道を　29

「仏になる」という意味　30

仏さまと同じ本質／布施で得られる幸せ／人さまの幸せを念じて菩薩行を

仏さまから授かった心　36

仏の子としての素質／衣の裏の宝珠とは／仏性とは大慈悲心

仏さまの懐に飛びこむ　42

素直に信じることの力／仏さまと一体になる／「すべて善縁」と受けとめる

仏さまのような顔になりたい　49

すがすがしい顔の比丘／思いやりに満ちたお心／仏さまのお顔を真似る

仏さまの良薬をいただく　57

苦しみを除く薬／煩悩から生じる病／身心が「太る」五つの原因

仏さまの子としての「当たり前」　65

「久遠の本仏」から授かった命／仏さまをお手本にする／安心させるのが最大の孝行

仏さまを恋慕する　73

「仏さまの教え」だから／恋慕渇仰の心で編まれた法華経／すべての人を仏と見る

仏道を歩むために生まれて　81

「恩」を知り、報いる／順風のときこそ／常精進が「ご恩返し」

仏さまの道を歩める喜び　87

精進は楽しいこと／ひとすじに、精いっぱい／仏になる道へ

第二章

法華経をたずさえて　93

法華経はすべての人を救う教え　94

法華経を聞くことができた人は／教えを信じない人も救いきる／法華経精神を世界に

神仏の願いに適う生き方　101

「いまだ発心していない菩薩」という意味／慈悲の心で接する／心を一つにして実践しよう

信仰の功徳とは何か　108

万人に喜びを与えるお経／生かされ、護られている安心感／功徳はあとで気づくもの

仏語は実にして虚しからず　116

本仏が見えない私たち／仏の眼で見ると／「我此土安穏」の境地

当たり前のことを当たり前に　124

仏さまに生かされるまま／「鉢を洗っておきなさい」／過剰な欲を手放せば

神仏のご加護をいただく 132
繁栄も平和も神仏のご加護／仏を真似れば無量の宝が／神仏の大慈大悲がしみわたる

「一仏乗」の精神で歩む平和への道 140
ローマ教皇との深いご縁／「世界宗教者平和会議」の誕生／世界を一つの仏土に

三界は安きことなし 146
この世は「火宅」／欲にかじりつかない／菩薩の乗り物で「火宅」を出る

無価の宝珠を授かっている 154
衣裏繋珠のたとえ／法を信じ、人を無条件で信じられたら／仏性の輝きで世を照らす

仏さまの子として生きる 162
みんな「仏の子」なのに／いつも仏にかかえられている／仏さまの見方に近づく

仏さまに近づく感謝と懺悔 168
幸せへの早道が感謝／「ありがたい」を口ぐせに／自信と勇気を呼び覚ます懺悔

第三章

仲間(サンガ)と歩めば 177

心の土台を育む家族に 178

親が身をもって示す/生活のなかで神仏を拝む/一生を支える柱を家庭で

家庭というサンガの役割 183

親と子の信頼感/子どもは神仏からの授かりもの/親の役を果たす

感謝の言葉が心をつなぐ 188

感謝は明るい人をつくる/人に感銘を与える言葉/あたたかな地域社会も「ありがとう」から

「普門」の心で豊かな地域社会を 194

自分が観音さまになる/寛容にしておだやかに/まず受け入れる

世界平和をめざして 200

みんな「一仏乗」に乗っている/慈悲の心を開く縁に/衆の力を集めて

ともに説法を聞いた縁　206
霊鷲山で一緒に法を聞いた友／仏縁は子孫まで伝わる／法縁を大切に
みんな仏さまの愛弟子　212
仏さまを恋慕渇仰する／善き友は仏道のすべて／「比丘たちよ、伝道を始めよう」
桶の中の芋洗い　218
法座で仲間と磨き合う／厳しい助言もお慈悲／サンガがいるから法が生きる
道場修行の意味するもの　224
常に「新しい救い」がある／サンガに会うために／安らぎとぬくもりのある場所／
時代の要請に応える道場に

第四章

幸せは足もとに　233

日々を幸せに過ごす　234

身近にある幸せの種／ふれあいのなかに喜びが／感謝と愛情があれば幸福に

「苦」を喜びに変えていく　239

いろいろ苦難があっても／法座で「苦」が感謝に変わる／大歓喜の心で「苦」を喜びに

条件が悪いときこそ　244

悪条件は向上のための階段／懺悔が智慧を生む／心がきれいになると

心が濁ったときは　250

「仏と同じ自分」に自信を／お題目を唱えれば／日常茶飯事を幸せにするコツ

正直の道を行く　256

いつも神仏がご照覧／飾らないと楽に生きられる／正直は一生の宝

大安心で生きるには　262

ご守護と受けとめる／死さえも感謝で／「四法成就」の説のごとくに

三宝に帰依してみんな幸せに　269

仏さまからの励ましを信じて／サンガの体験は生きた法／みんなと一緒に幸せになる

カバーデザイン：髙林昭太
カバー写真：十日町市側から東方の八海山を
望む（新潟県）　Ⓒ佼成出版社

第一章

仏になる道を

「仏になる」という意味

仏さまと同じ本質

お釈迦《しゃか》さまがブッダガヤの菩提樹《ぼだいじゅ》の下《もと》で瞑想《めいそう》に入られ、ついに仏の悟りを開かれたのは、十二月八日の早暁《そうぎょう》のことです。それにちなんで私たち仏教徒は、この日に「成道会《じょうどうえ》」の式典を行ないます。

お釈迦さまは、悟りを開かれたあと、このようにつぶやかれたといいます。

「奇なるかな。奇なるかな。一切衆生《いっさいしゅじょう》ことごとくみな、如来の智慧《ちえ》・徳相を具有す。ただ妄想・執着あるを以《もっ》ての故に証得《しょうとく》せず」

仏さまの眼で見ると、すべての人間が、仏と同じように尊く、光り輝く本質をそなえているのです。ところが、私たちはものごとのうわべの姿や形だけを見て、それにとらわれたり、妄想にかられたりして、争いや苦悩を繰り返すばかりで、自分の本質が仏さまと同じように輝かしいものであることを自覚できないのです。

お釈迦さまは、菩提樹の下で仏の悟りを開かれたあと、悟られたその真理をもとに、世の人びとを苦悩から解き放とうと決意されました。そして、サールナートの鹿野苑《ろくやおん》に赴かれ、かつて苦行をともにした五人の比丘《びく》に最初の説法をされました。これを「初転法輪《しょてんぽうりん》」といいます。

お釈迦さまの説かれる「法」は、車輪のようにどこまでも転じて広がっていくということで、「法輪を転じる（転法輪）」と表現されます。その最初の説法なので、「初転法輪」と呼ぶわけです。

その後、八十歳で涅槃《ねはん》に入られるまで布教・伝道の旅を続けられたお釈迦さまは、人びとの機根に応じてさまざまに「法」を説かれたのです。

「成道」というのは「成仏得道」のことで、宇宙を貫く絶対の真理を悟って、「仏陀《ぶっだ》」になることです。とはいえ、お釈迦さまの偉大なお姿を心に浮かべるとき、私たちが同じような境地に到達することは、とうてい不可能なことのように思えます。

ところが、法華経《ほけきょう》の「方便品《ほうべんぼん》」に、「若《も》し法《ほう》を聞《き》くことあらん者《もの》は一《ひと》りとして成仏《じょうぶつ》せずということなけん」とあるように、お釈迦さまが悟られ、説き示された教えを信受することで、だれでも成道できるのです。

その教えとは、「縁起」の教えであり、「諸行無常《しょぎょうむじょう》」「諸法無我《しょほうむが》」の教えです。

また仏さまは、私たちに、仏さまと同じ智慧《ちえ》の見方、すなわち「仏知見《ぶっちけん》」の道に入らせるために、この世にお出ましになられたのです。

ですから、お釈迦さまがお手本を示してくださったとおりに、その道を素直に歩ませてもらえばいいのです。ただ、少し前進したからといって安心してひと休みするのでなく、昼夜、常精進《じょうしょうじん》で道を歩き続けることが大事です。すると、どこからか、仏さまの「それでいい。しっかりやりなさい」という励ましの声が聞こえてくるのです。

布施で得られる幸せ

お釈迦さまは、ヒマラヤのふもとのカピラバストという小国の王子として生まれました。そして、三十歳を前に「生老病死《しょうろうびょうし》」という人間としての「苦」から解放される教えを求め、出家されました。王位継承者としての地位や財産を捨て、父母や妻子との絆も断ちきって修行を続けられ、すべての人を生かしている真理を悟られたのです。

「大きく抛《なげう》つ者は大きく得る」といいますが、お釈迦さまは、だれもが最も大事に思うようなものをすべて抛たれた「大いなる放棄」、つまりは徹底した「布施《ふせ》」によって、だれも得たことのない大いなる道を得られたのです。そのお陰さまで、私たちは生活や肉親を放棄せずとも大いなる道を歩くことができ、最小の犠牲によって最大の幸福を得ることができるのです。

私たちは、お釈迦さまのようにすべてを捨てる必要はありません。けれども、その精神と姿勢を受け継いで、できるかぎり、人さまのため、世のために自分をささげるように努力したいものです。それが、お釈迦さまが示された「布施」の教えの実践です。その意味での「放棄」が大きくなるほど、私たちの幸せも大きくなるのです。

うっかりすると、わが身の安楽のみを追い求める生活になりがちです。そんななかで、自分の時間でもいい、財産でもいい、少しでも他のために「布施」をさせてもらう気持ちに切り替えていくと、心が広々と開けてくるのです。その喜びのなかに、ほのぼのとした幸せが感じられるのです。

人さまの幸せを念じて菩薩行を

私たちが「成道」をめざすというのは、どういうことでしょうか。それは、人さまとの出会いのなかで、菩薩行《ぼさつぎょう》を実践していくことです。つまり、毎日の一瞬一瞬のなかで、「成仏得道」をなしとげることができるのです。「まず人さま」の心で、常に人さまの幸せを念じて行動していけば、出てくる結果は常に真理に合致していきます。よき出会いを繰り返していくなかに、次々と喜びの結果が現われてきて、感謝の毎日を送ることができるわけです。

順調なときにだけ精進に励むというのではなく、迷ったり、困難にぶつかったりしたときにこそ、自分の行ないを仏さまの教えに照らして精進を重ねることが大切なのです。そのなかで、自分の態度や気持ちを正直に反省、懺悔《さんげ》できると、正しい歩み方を続けられるのです。

こうして自分を一つ立て直すごとに、凡夫と仏との差が一つずつ縮まって、仏さまの境地に向かって歩いていくことができるのです。

仏道というのは、ゴツゴツした歩きにくい道ではなく、歩きやすい、きれいな道です。ですから、迷わずに、まっすぐ歩ませてもらえばいいのです。

朝夕に読誦《どくじゅ》させていただく「経典」に、「今此《いまこ》の処《ところ》は　諸《もろもろ》の患難《げんなん》多《おお》し　唯我《ただわれ》一人《いちにん》のみ　能《よ》く救護《くご》を為《な》す」（譬諭品《ひゆほん》）とあります。ここでも、仏さまは「骨の折れる難所があっても、私が道を開いてあげるから、みんな安心して私のうしろを歩いてきなさい」とおっしゃってくださいます。

私たちは、仏さまのお言葉を信じて、その教えを実践しつつ、常に成道をめざして歩いていきたいものです。

仏さまから授かった心

仏の子としての素質

法華経は、人間には仏になれる素質があることを説いたお経である、といっていいでしょう。男女の別はもとより、能力や性格の違いといった個々の相違を超越して、あらゆる人間が仏となる性質をもっていることを、いろいろなたとえ話を交えて繰り返し説いているのです。

たとえば、「方便品」には「我本誓願《われもとせいがん》を立《た》てて　一切《いっさい》の衆《しゅ》をして　我《わ》が如《ごと》く等《ひと》しくして異《ことな》ることなからしめんと欲《ほっ》しき」という、お釈迦さまのお言葉があります。これは、「すべての人を、私と同じように仏にしてあげたい」というのが、お釈迦さまの願いであるという意味です。

また、同じ「方便品」に「若《も》し法《ほう》を聞《き》くことあらん者《もの》は　一《ひと》りとして成仏《じょうぶつ》せずということなけん」と説かれています。つまり、この法華経を聞いた人は、一人残らず仏になれると断言されているのです。

このように、私たちが仏道を実践していけば、「みんな仏になることができる」と約束されているのですが、それは、私たちが仏さまから「仏性《ぶっしょう》」を授かっているからです。

「譬諭品」には、「今此《いまこ》の三界《さんがい》は　皆是《みなこ》れ我《わ》が有《う》なり　其《そ》の中《なか》の衆生《しゅじょう》は　悉《ことごと》く是《こ》れ吾《わ》が子《こ》なり」と説かれています。仏さまが「ことごとくわが子である」とおっしゃっているのですから、私たちは「仏子」に間違いありません。「仏の子」として、仏になれる素質を授かっているのですから、仏さまの教えのとおりに歩んでいけば必ず仏になれるのです。

いま「仏さまから仏性を授かっている」といいましたが、この「仏さま」というのは、「宇宙の大生命」ともいうべき「久遠実成《くおんじつじょう》の本仏」のことです。私たちは、この「久遠の本仏」の「いのち」を受けて、人間としての生を享《う》けているのです。

また一方で、人間としてこの世に出現された仏さまがおられます。こちらの「仏さま」は、この世のすべてのものごとの実相を見とおす智慧を成就し、完全無欠の人格をそなえ、自由自在な境地に達し、世の多くの人を救いあげる人をいいます。

過去世には多くの仏さまがおられたことが説かれていますが、歴史上に人間として世に出現されたのは、「お釈迦さま」ただお一人です。ですから、私たちが「仏さま」というときには、お釈迦さま、つまり「大恩教主釈迦牟尼世《だいおんきょうしゅしゃかむにせ》尊《そん》」を指す場合が多いのです。

そして、「大恩教主釈迦牟尼世尊」は、「久遠実成の本仏」をこの世に具現されたお方です。「如来寿量品《にょらいじゅりょうほん》」で説かれているとおり、「久遠実成の本仏」と「大恩教主釈迦牟尼世尊」は、本質において一体なのです。

この「お釈迦さま」と「久遠の本仏」の関係は、仏教を信受するうえで根本となる、非常に大切なことですから、よくよく心にとめておいていただきたいと思います。

衣の裏の宝珠とは

私たちが仏さまから授かった「仏性」について、「五百弟子受記品《ごひゃくでしじゅきほん》」には「衣裏繋珠《えりけいじゅ》のたとえ」が説かれています。

――貧しい暮らしをしている男が親友の家を訪ね、手厚いもてなしを受けて酔って眠りこみます。親友は翌朝早く旅に出かけるので、寝ている男の衣の裏に、はかり知れないほど値打ちのある宝の珠《たま》を縫いつけて出かけました。やがて目がさめた男は、親友の家を立ち去り、あい変わらずの放浪生活を続けていました。

ずいぶんたってから、男はその親友と道でばったり出会いました。親友は、男のあいも変わらぬ哀れな姿を見て、「私は、君が安楽に暮らせるようにと思って、衣の裏に高価な宝珠を縫いつけておいたんだよ」といいます。そのとき初めて、男は自分が尊い宝をもっている身であることに気づいたのです――

このたとえの「衣の裏の宝珠」が、「仏性」です。私たちはこのように、「仏性」という宝を授かっていながら、それに気づかずにいるのです。けれども、機縁の熟すときがきて「仏性」のすばらしさを教えてもらい、自分でもそのありがたさを知るようになるのです。

仏性とは大慈悲心

「仏性」というものをわかりやすくいえば、良心や真心、善意といえましょう。人間はだれでも、良心、真心、善意をもっています。そして、そういう心の宝を前面に押し出していけば、いつも明るい心で、安らかな生活ができます。それがつまりは、仏になる歩みなのです。

「仏性」の内容を仏教の言葉でいえば、「慈悲心」のことにほかなりません。「法師品《ほっしほん》」には法華経を説くときの心得として、「如来《にょらい》の室《しつ》に入《い》り、如来《にょらい》の衣《ころも》を著《き》、如来《にょらい》の座《ざ》に坐《ざ》して」説きなさいと教えられています。そして、「如来《にょらい》の室《しつ》とは一切衆生《いっさいしゅじょう》の中《なか》の大慈悲心《だいじひしんこ》是れなり」と説かれています。

「大慈悲心」というと、「仏さまだけがおもちの、限りなく大きな慈悲心だろう」と考えがちですが、私たちみんなの心にも、ちゃんと授かっているというのです。困っている人を見ると「なんとかしてあげたい」と思うのが人情ですが、それこそ、私たちが授かっている「慈悲心」の働きなのです。

そして、自分が何かしてあげたことで相手が喜ぶ顔を見ると、自分のほうがもっとうれしくなるものですが、これもまた「慈悲心」の働きです。ですから、一人の人に「慈悲心」をかけると、また次の人にも慈悲をかけたくなるのです。

このように人さまを喜ばせるような行為を積み重ねていくうちに、私たちに授かった大慈悲心、「仏性」というものは、どんどん輝きを増していきます。まず身近な人から順々に「慈悲心」を通わせ合っていけば、やがてそこに、「仏性」と「仏性」が響き合う、仏の世界が次々と築かれていくのです。「みんな仏になれる」というのは、そのことなのです。

仏さまの懐に飛びこむ

素直に信じることの力

ここで、私たちにとって大事なことについて考えてみたいと思います。私たちが仏さまのことに思いをはせるとき、どんな気持ちが大事だろうかということです。

法華経の「方便品」に、「我本誓願《われもとせいがん》を立《た》てて　一切《いっさい》の衆《しゅ》をして　我《わ》が如《ごと》く等《ひと》しくして異《こと》なることなからしめんと欲《ほっ》しき」とあります。つまり、「すべての人間を自分と同じ境地まで引き上げたい」というのが、仏さまの「本願」なのです。

そして仏さまは、私たち一人ひとりに対して、仏さまと同じ境地にいたる道を歩めるように、常に働きかけてくださっています。ですから私たちは、仏さまが指し示す道をまっすぐに歩めばいいのです。仏さまのほうから働きかけてくださることに対して、「はい」と素直に受けとめればいいだけです。

　ところが一方では、「仏さまと同じような境地になるのは不可能だ」という気持ちが強い人もいます。そういう人は、自分が「仏さまの子」であることを忘れ、仏さまに生かされていることを忘れているのです。そして、自分の力や才覚で生きているような気持ちになりがちですが、それでは心の安らぎが得られません。それだけでなく、仏さまの広くて深いお心から少しずつ離れていくことになりかねません。

　では、仏さまの「本願」に近づくにはどうすればいいのでしょうか。

　それは、「以信代慧《いしんだいえ》」ということから入るといいのです。文字どおり「信を以《もっ》て智慧に代える」のです。仏さまの教えを無条件に信じる気持ちになると、自分では思ってもみないような「智慧」を授けてもらえるのです。

「信」というものは、老若男女を問わず、その気になりさえすれば、だれでももつことができるものです。そこがありがたいのです。ただし、一つだけ条件があります。素直な心をもつことです。理屈をこねまわさず、「我《が》」を張らず、純粋な気持ちでいることです。

『聖書』にも、「子供のようにならなければ、決して天の国に入ることはできない」（マタイによる福音書）とあります。道元禅師《どうげんぜんじ》も、『正法眼蔵《しょうぼうげんぞう》』でこう説いています。

「ただわが身をも心をもはなちわすれて、仏のいへになげいれて、仏のかたよりおこなはれて、これにしたがひもてゆくとき、ちからをもいれず、こころをもつひやさずして、生死《しょうじ》をはなれ、仏となる」

この「わが身をも心をも放ち忘れて、仏の家に投げ入れる」ということが、キーポイントです。そのように無心に仏さまを信じる人は、信じること自体が、すでに救われていることにほかならないのです。

仏さまと一体になる

大事なことは、ちっぽけな「自分」にとらわれるのをやめて、仏さまにおまかせすることです。仏さまの広い懐に飛びこむことです。

それがなぜできないかというと、結局は、「自分」を捨てられないからです。頭のいい人は、頭のいいことにとらわれます。お金や地位のある人は、それを絶対に手放すまいとします。しかし、そうして自分の才覚や欲望を大事にしているかぎり、安らかな、広々とした気持ちにはなれません。それだけでなく、そういうとらわれの気持ちがさまざまな苦悩を招くことになります。

ほんとうの幸せというのは、仏さまの懐に飛びこんで、「生かされるままに生きる」という心境になることです。そうなると、行住坐臥《ぎょうじゅうざが》のすべてにわたり、仏さまの恩恵をこうむっていると受けとめられて、「ありがたい」「ありがたい」と感謝の日々を送れるのです。

その「仏さまの懐に飛びこむ」ということについて、だれでも実感できることがあります。

静かな森のなかで木々の香りを胸いっぱい吸い、小鳥のさえずりを聞いているとき、あるいは高原の草の上で空に浮かぶ雲の群れをながめているとき、「大自然に抱かれている」という気持ちになることがあります。その「抱かれている」という感じは、つまり「大自然と一体になっている」ということです。小さな「自分」を忘れ、より大いなるものと一体になるときに、なんともいえないうれしい気持ちが湧いてくるのです。こうした一体感は、何ものにも代えがたい宝物です。

日常生活をふり返ってみても、一体となることが愛情の極致であることがわかると思います。赤ちゃんにお乳をふくませているお母さんは、赤ちゃんと完全に一体になっています。それを頂点として、家族であれ、夫婦であれ、親友であれ、一体感をもつときに、いちばん幸せな気持ちにひたれることはみな同じです。ましてや、仏さまとのあいだで一体感を味わうことができれば、これ以上の心の安らぎはなく、これにまさる幸せはありません。

仏さまの懐に飛びこんで、仏さまと一体になると、心が広々となり、自由自在になります。そして、だれに対してもやさしく、あたたかく接するようになります。さらに進んで、「このすばらしい境地を、ほかの人にも味わってもらいたい」という思いが湧いてきて、仏さまの教えに導いてあげたくなるのです。

そうした思いや行ないが、仏さまの大慈悲に一歩近づくことであって、仏さまの「本願」に沿いたてまつることなのです。

「すべて善縁」と受けとめる

人間関係一つとってみても、相手の懐に飛びこめれば、そこに信頼関係が生まれます。そして、あたたかな人間関係が次々に広がり、人生はよりいっそう豊かに開けていくはずです。それは、現代の多くの人たちが、切実に望んでいることの一つではないでしょうか。

それを望んでいながら、いざとなると相手の懐に飛びこむことがむずかしい場合も多いでしょう。そんなときは、「自分はいま、仏さまがお手配くださった善縁に出会っているのだ」と思い直してみることです。私たちは日々に向上していくうえで、自分にふさわしい「縁」に出会わされているのです。ですから、出会う縁をすべて「善縁」と受けとめて、「自分」の都合を捨てて、感謝の心で対処するのが「仏さまの懐に飛びこむ」ことなのです。

私の経験を思い起こすと、青年時代の奉公先の主人に対しても、法華経を教えてくださった新井助信《すけのぶ》先生に対しても、素直に、理屈なしに、その懐に飛びこんでいったものです。だからこそ、のちのちの人生に絶大な幸せをもたらす功徳をいただけたのです。

日本の経済が驚異的な成長をとげたのも、つまるところは、働く人が会社の懐に飛びこんで、それと一体となったからです。「会社の一員として、いい商品を開発しよう」「いい製品を造ろう」「いいサービスを提供しよう」といった会社との一体感があったからこそ、今日の繁栄がもたらされたのです。

仏教思想家のひろさちや先生が、おもしろいことをいわれています。信仰には「請求書的信仰」と「領収書的信仰」があるというのです。一つは「救ってください」「治してください」と、神仏に自分の願いを請求する信仰です。もう一つは、「守ってくださってありがとうございます」と、すでに救われていることに感謝する信仰である、というのです。どちらが正しい信仰であるか、そして、どちらが仏さまの懐に飛びこむことであるかは、いうまでもないでしょう。

みなさんも、現実の生活のなかではいろいろと世間的な知恵や才覚を働かせることと思います。しかし、朝夕のご供養のひとときだけでも、無心になって仏さまの懐に飛びこんでほしいものです。それを三百六十五日続けていますと、いつしか心の習性となって、いつも「仏さまの懐に抱かれている」という心境に変わっていくはずです。

仏さまのような顔になりたい

すがすがしい顔の比丘

私たちの顔は、そのときどきの心を正直に表わします。ですから、仏教を実践する私たちにとって、まず大事なのは顔です。信仰する喜びが顔に表われてこそ、本物といえましょう。

顔は自分の顔であっても、自分では見えません。そういう意味では、顔は他人に見せるためのもの、他人に見てもらうためのもの、といってもいいかもしれません。

「十如是《じゅうにょぜ》の法門」（方便品）を吟味しても、それがわかるでしょう。まず初めに「如是相《にょぜそう》」とあります。「かくのごとき相」、つまり「このような相」ということです。「相」というのは、表面に現われた姿・形です。人間の場合、その人の顔つきや外見です。それが「相」です。

その「相」の現われるもとを考えてみるとき、その奥に「性《しょう》」（性質）というものがあって、さらにその人の形体、つまり「体」があるわけです。このように私たちは一人ひとり「相・性・体」をそなえていますが、とにかく最初に目につくのは「相」なのです。

お釈迦さまのお弟子のなかで「智慧第一」と称されたのは舎利弗《しゃりほつ》ですが、その舎利弗が仏門に入ったきっかけは有名です。

舎利弗が王舎城《おうしゃじょう》の町を歩いていると、見るからにすがすがしい顔をした比丘《びく》が托鉢《たくはつ》をしていました。「これはただの比丘ではない。きっと、たいへんな聖者の弟子に違いない」と直感した舎利弗は、その比丘が托鉢を終えるのを待って、問いかけました。

「あなたの師はどなたですか」

「私の師は釈迦牟尼世尊と呼ばれる正覚者《しょうがくしゃ》です」

「その釈迦牟尼世尊は、どんな教えを説かれるのですか」

「私はお弟子になってまだ日が浅く、くわしいことはわかりませんが、わが師は『すべてのものごとには因があって、その因が滅すれば、そのものごとも滅するのである』と説かれます」

　舎利弗はそれを聞いて感激し、一も二もなく、お釈迦さまの門に入ったのでした。この「正覚者」というのは、「真理を悟った人」という意味です。舎利弗はそのとき、サンジャヤという宗教家の師範代として二百五十人の弟子を指導していましたが、その二百五十人の弟子もろとも、お釈迦さまのお弟子になったのです。

　舎利弗がひと目で心をひかれた比丘のアッサジ（阿説示《あせつじ》）は、高い徳を内に秘めた、魅力あふれる「相」をしていたに違いありませんが、私が冒頭に「信仰者がまず大事にしなければならないのは顔である」とお話ししたのも、そうした「相」、すなわち顔のことなのです。

思いやりに満ちたお心

では、どうしたらそのような顔になれるのでしょうか。

『維摩経義記《ゆいまきょうぎき》』に、「よい行ない、よい思いというものは、知らずしらずのうちにその人の全身全霊にしみとおって、その人の人格をうるおし、高めて、そして徳となるものである」と説かれています。まさにそのとおりです。

その「徳」は、ひとりでに顔に現われ、多くの人をひきつけ、利益《りやく》するのです。お釈迦さまの三十二相というのは、それにほかなりません。

お釈迦さまは、「無量義経《むりょうぎきょう》」の「徳行品《とくぎょうほん》」に、「若《も》し人刀杖《ひととうじょう》をもって来《きた》って害《がい》を加《くわ》え　悪口罵辱《あっくめにく》すれども終《つい》に瞋《いか》りたまわず」とあるように、怒りから遠く離れた境地におられました。

また、法華経の「提婆達多品《だいばだったほん》」で、ご自分の命を何度も狙った提婆達多に対して、「等正覚《とうしょうがく》を成《じょう》じて広《ひろ》く衆生《しゅじょう》を度《ど》すること、皆提婆達多《みなだいばだった》が善知識《ぜんちしき》に因《よ》るが故《ゆえ》なり」とおっしゃっています。

このように、どんなに不都合をこうむっても、お釈迦さまはそれを悪くおとりにならないのです。だから、お怒りになることがなく、かえってそれを自分を高める試練として甘受し、感謝されたのでした。

お釈迦さまは最後の布教の旅で、パーヴァーという町の熱心な在家信者のチュンダが供養したキノコを召しあがって中毒され、それでお命を縮めることになります。ところが、クシナガラへ向かわれる途中で、何度も猛烈な腹痛に苦しまれながら、侍者の阿難《あなん》にこういいます。

「チュンダは自分の供養した食事が私の命を縮めたと思い、さぞかし後悔していることだろう。そなたはチュンダのところへ引き返して、食事にキノコを出したことを後悔しないように、私がそういったと伝えておくれ」と命じられたのです。

そして、「私が成道する前にスジャータという娘が乳粥《ちちがゆ》を供養してくれたが、チュンダの供養した食事によって、私が無余涅槃界《むよねはんかい》（肉体さえも残さない完全な平安の世界）に入ることができるのだから、最大の功徳である。そう伝えるのだよ」と、念を押されました。

なんという無我に徹した、なんという思いやりに満ちた、高貴なお心でありましょう。このようなお心が表に現われたのが、仏の三十二相にほかならないのです。

現代の人びとは、「このような心では、この世知辛い世の中で生きてはいけない」と思うでしょう。いちおうはもっともですが、しかし、人類全体がほんとうに幸せになるためには、多くの人がせめてこのお心の十分の一ほどでも身につけ、三十二相のうち一相ぐらいでも、その顔に表わすようでなければならない……そう私は思うのです。

仏さまのお顔を真似る

では、どうしたらそれができるのでしょうか。いちばん大事なことは、朝な夕なに拝する仏さまのお顔を目に焼きつけ、胸にしみとおらせることです。

そして、努力してその真似をすることです。この「真似をする」ことこそが、「仏の顔に学ぶ」ことなのです。「学ぶ」というのは「まねぶ」からきたもので、「真似る」ことと同源の言葉です。

こういう話があります。

ある国の若い王様が結婚することになりましたが、それまで戦争ばかりしていたために、自分の顔が非常に怖い顔つきになっているのが気になり、やさしい顔のお面をかぶって結婚生活に入りました。そして、何年かたってから、いつまでもお面をかぶっているのはよくないと気がついて、思いきってお面をとってみました。すると、いつのまにか、怖い顔がお面と同じようなやさしい顔に変わっていたのです。まねぶことを続けていれば、いつしかそれが本物になることを教える、味わい深い寓話《ぐうわ》だと思います。

先日、新聞の投書欄にこういう話が載っていました。七十八歳のご婦人の投稿ですが、ある日、妹さんから「姉さんは黙っているときは気むずかしい顔をしている」といわれて、それはいけないなと反省し、食事の後片づけをしながら「ニコ、ニコ、ニコ、ニコ」とつぶやいていたら、お嫁さんに「おばあちゃん、何かご用?」と聞かれたという話です。その小文の結びに、「せめて人さまにお見せする顔は、平和でニコニコしたいものである」とありましたが、じつに柔軟な心の持ち主だなあと感心しました。

「パーフェクト リバティー教団」(PL教団)の教主だった御木徳近《みきとくちか》先生が、あるとき私に「行商する人がいちばん布教の成績がいいですよ」といわれたことがあります。そういえば、私は若いころ、漬物の行商をしていたことがありますが、行商人はお店に座って商売をする人より、倍も愛嬌《あいきょう》がよくなければならないのです。それに、お客さまに対して何かと親切を尽くすことが大切なのです。

私が行商する道筋に刑務所がありましたが、その塀の前では、服役者の耳を楽しませるために、「米山甚句《よねやまじんく》」や「佐渡おけさ」などを大声で歌ったものです。また、長屋の共同井戸に水汲《く》みに行こうとする奥さんを見ると、そのバケツを奪うようにして汲みにいってあげたものです。それで「歌う漬物屋さん」と親しまれ、また、そうしたちょっとした親切が口コミで広がって、同じ行商をしていた前の主人の何倍も売上げたものです。

ですから、御木先生のお言葉を聞いたとき、「なるほど。そうでしょう、そうでしょう」と、深くうなずいたのでした。

繰り返すようですが、私たちは、常に自分の顔、身の振る舞いを大事にして精進していきたいものです。

仏さまの良薬をいただく

苦しみを除く薬

法華経の「如来寿量品」は、仏さまが常住不滅の存在であることを説いている、非常に大事な一章です。そして、そこで説かれている「良医治子《ろういじし》のたとえ」で、私たちの胸にしみじみと迫るのは、仏さまの慈悲の方便《ほうべん》の尊さ、ありがたさでしょう。

世にもすぐれた名医に、大勢の子どもがいました。その子どもたちは、父が他国へ旅をしている留守に誤って毒薬を飲み、七転八倒して苦しみます――これが「良医治子のたとえ」の発端ですが、もちろん、その名医とは仏さまのことで、その子どもたちは私たち衆生にほかなりません。「毒薬」というのはさまざまな心の迷いですが、なかでも「貪《とん》・瞋《じん》・痴《ち》」の「三毒」が迷いの中心であると、仏教では説いています。

子どもたちが苦しみ悶《もだ》えているところに帰ってきた名医は、助けを求める子どもたちに、すぐに毒を消す薬を調合して与えます。少し正気の残っている子は素直に薬を飲んで苦しみから癒《い》えるのですが、毒が深くまわっている子は「この薬はにがい」といって飲まず、苦しみ続けます。そこで名医は、子どもたちを苦しみから救うために、大慈悲の「方便」を用いるのです。

「この薬をここに置いておくから、自分でとって飲みなさい」といって聞かせて、名医はまた旅に出ます。そして、「父は旅先で死んだ」という知らせを送るのです。父の死を知って子どもたちは悲しみに打ちひしがれますが、その悲しみのなかでハッと父の言葉を思い出し、父が置いていった薬を飲んで、ようやく助かったのでした。

このたとえは、私たちにとって大事な人生の処方箋であると思います。仏さまの教えは、すべての苦しみを除く良薬なのです。ところが私たちは、その良薬を素直に飲まずに、目先の利益にとらわれ、わがまま勝手な暮らしをして、自ら「苦」を招いています。ですから、折にふれて仏さまの教えを思い出し、仏さまの教えという薬を服用すれば、心も行ないも正しい軌道に乗ることができて、ほんとうの幸せを享受できるようになるのです。

煩悩から生じる病

徳川時代初期の名僧に、鈴木正三《すずきしょうさん》という人がいます。数多くの著書がありますが、『万民徳用』のなかの「武士日用」にある次の一文は、このたとえを味読するのにいい参考になると思います。

ある武士が「仏法と世法は車の両輪というが、仏法がなくても世法は動いて

いくではないか」と問うのに対して、こう答えています。（現代文に抄訳）

「凡夫は大病人なり。仏は大医王なり。凡夫はまず病を知るべし。生死無明《しょうじむみょう》の心中に、顚倒迷妄《てんどうめいもう》の病あり。慳貪邪見《けんどんじゃけん》の病あり。怯弱不義《こうにゃくふぎ》の病あり。三毒の心を根本として、八万四千《はちまんしせん》の煩悩の病となる。この心を滅除するを仏法というなり。これすなわち世法にことならんや」

少々むずかしい言葉もありますので、少しずつ解説を加えてみましょう。

まず「生死無明の心中に、顚倒迷妄の病あり」とあります。凡夫は、生死の変化や無明の煩悩に深くとらわれていて、ものごとの真実の相を見ることができません。ものごとを表面だけで見るために、苦であるものを楽と見たり、変化するものをいつまでも変化しないと見たりするなど、すべてが逆さまに見える「顚倒」の見方におちいり、さまざまな迷いや妄想による病が生じるのです。

次に「慳貪邪見の病」とあります。「慳貪」というのは、もの惜しみと欲が深いことです。人に施すことにはケチケチし、貪《むさぼ》るほうは際限がないという病です。「邪見」というのは、誤った見方・考え方です。お釈迦さまが、この「慳貪邪見の病」を即座に治された実例があります。

お釈迦さまが、ある村に托鉢に出かけられたときのことです。ある男がお釈迦さまに、「沙門《しゃもん》よ。あなたは、わずかの布施にも大きな果報があるといったそうだが、それは大うそだ」と、けんか腰で詰め寄りました。その男は、自分の妻がわずかばかりの麦こがしを布施したことに対して、腹を立てていたのです。

その村には、一本の木の陰に五百台もの馬車が入るほどの大木がそびえていました。お釈迦さまは、男の顔を見て、静かに「あれだけ大きな木の種は、よほど大きいのだろうね」と聞かれます。男は「いや、そんなことはない。種はごく小さいものだ」と答えました。

そこで、お釈迦さまは声を改めて、「そなたが、小さな種から大木が生じるのを知っているように、私は小さな因から大きな報いが生まれるのを見ているのです」と説かれました。さらに、因果の道理をこんこんと説き聞かせると、男は迷いからさめ、りっぱな人間に生まれ変わったということです。

「怯弱不義の病」というのは、勇気を欠き、決断力に乏しいために正しいすじみち（義）から外れることです。

お釈迦さまのお弟子の一人だった提婆達多が、教団のあり方の新しい提案として、「比丘は一生のあいだ樹下に住し、屋内に入れば罪となす」「比丘は一生のあいだ林中に住し、村邑《そんゆう》に入れば罪となす」といった、五か条の改革案を立てたことがありました。

そのとき、「中道」を旨とされるお釈迦さまは、舎利弗にこう命じられました。

「提婆達多に従う人たちのところに行って、『そのような極端にくみする者は、三宝《さんぼう》に違《たが》うものである』と告げなさい」

ところが舎利弗は、「私は、かつて提婆達多を称賛したことがございますので」と、弱気な態度を見せました。すると、お釈迦さまは、「称《たた》えるべきことがあれば、称えるのが真実である。誤った思想は正すのが道である」と、厳しく戒められたのです。まことに義と不義とを峻別《しゅんべつ》して、あいまいにされないお方だったのです。

身心が「太る」五つの原因

鈴木正三の言葉にもどります。

次の「三毒の心」ですが、限度を知らぬ欲ばりと、わがままな怒り、道理に暗い愚かさのことです。仏教ではこの「貪欲《とんよく》」「瞋恚《しんに》」「愚痴《ぐち》」を、人間を不幸に落とす代表的な悪心としています。ことに「貪欲」は、「諸苦《しょく》の所因《しょいん》は貪《とん》欲《よく》これ本《もと》なり」（譬諭品）とあるように、自分を不幸にし、他人をも苦しめ、社会をも混乱させる最大の悪であると説かれています。

お釈迦さまが「貪欲」を戒めた実例は山ほどありますが、少し変わったケースを紹介しましょう。

コーサラ国のパセーナディ王は、お釈迦さまに深く帰依《きえ》していましたが、わが身の欲望にひきずられやすい人で、飽食の日々を送っていました。そのため、太りすぎて息切れがし、一人では起き伏しもままならない状態になりました。

そこでお釈迦さまは、「人が太るには、五つの原因がある。一には食がすぎること。二には眠りを貪ること。三には楽しみにふけること。四には頭を使わないこと。五には仕事をしないことである」と教えられたのです。

パセーナディ王は、その「五事」（食・眠・身・息・心）の行ないを改め、ほどよくやせて安らかな身となりました。まことにお釈迦さまは、心の病の大医王であると同時に、体の病の良医でもあられたようです。

そして、この「五事」は、飽食三昧《ざんまい》のいまの日本人にとってぴったりの戒めだと思います。現在の日本は、経済大国として世界に果たすべき役割を忘れ、日本の利益ばかりを追求しているとして、批判を浴びています。私たち一人ひとりも、知らぬまに「もっと」「もっと」と欲をつのらせ、欲太りに太りすぎているのではないでしょうか。

伝教大師最澄《でんぎょうだいしさいちょう》は「道心の中に衣食《えじき》あり、衣食の中に道心なし」と戒めています。正しい道を求める心を常に保っていれば、生活に必要なものはおのずと授かるのです。反対に衣食にとらわれると、正しい道を踏み外してしまうのです。

いまここで、私たち一人ひとりが、欲をつのらせる生き方を改めなければなりません。そのいちばんの早道は、自ら仏さまの良薬をいただくことです。そして、仏さまの教えを心からかみしめて、それをまわりの人たちにお勧めしていただきたいと思います。

仏さまの子としての「当たり前」

「久遠の本仏」から授かった命

法華経の「譬諭品」には、「今此《いまこ》の三界《さんがい》は　皆是《みなこ》れ我《わ》が有《う》なり　其《そ》の中《なか》の衆生《しゅじょう》は　悉《ことごと》く是《こ》れ吾《わ》が子《こ》なり」と説かれています。つまり、私たちはすべて、「仏さまの子」であるというのです。これは、法華経のなかでも大事な教えの一つです。

しかし、いきなり「すべての人間が仏さまの子である」と聞かされても、すぐには実感できない人もいるかもしれません。江戸時代屈指の名僧といわれる白隠禅師《はくいんぜんじ》も、若いときはそうでした。

白隠禅師は十五歳で出家し、十六歳のときに初めて法華経を読みました。けれども、神秘的で不思議な光景や、おとぎ話のような比喩ばかりが多くて中身がないように思え、それ以来、法華経を手にとることがなかったのです。

ところが、信州（長野県）飯山の正受老人《しょうじゅろうじん》のもとで悟りを開き、その後の修行を重ねた四十二歳の秋に、ふと法華経をひもといてみました。そして「譬諭品」の、「今此の三界は　皆是れ我が有なり　其の中の衆生は　悉く是れ吾が子なり」のくだりにさしかかったとき、全身にズシンとこたえるほどの衝撃をおぼえ、瞬間に法華経の神髄を悟ったのでした。そのとき「感激のあまり声をあげて号泣した」と語っています。

白隠禅師でもこうなのですから、一般の人がこの一節を心の底から実感するのは、なかなかむずかしいことなのでしょう。けれども、法華経を朝夕に読誦する私たちは、そうではないはずです。折にふれて「私も仏さまの子である」と心に言い聞かせることで、そうした自覚が少しずつ深まっていくものです。

それが、大事なのです。そして、いつしか「私は仏さまの子である」という実感が、しみじみと湧きあがってくるはずです。

この宇宙のすべてのものの根源を、科学的には「根源のエネルギー」ともいいますが、もっと血の通った言い方をすれば「宇宙の大生命」といっていいでしょう。仏教では、それを「久遠実成の本仏」といいます。

私たちは、その「宇宙の大生命」、「久遠の本仏」から命を授かって、この世に生まれてきたのです。ですから、ご本仏さまのほうから見れば、私たちはみな「仏の子」にほかならないのです。

仏さまをお手本にする

ところが、多くの人は自分がそういう尊い存在であることに気づかないために、ただ目先の欲にふりまわされて、「苦」の世界をさまよいがちです。そのことが「信解品《しんげほん》」の「長者窮子《ちょうじゃぐうじ》のたとえ」に如実に説かれています。

幼いときに父親の長者のもとをさまよい出て、五十歳になるまで流浪の旅を続ける窮子がいました。けれども、ありがたいことに、いつしか足は父親の家のほうに向いていて、父の長者、つまり仏さまにめぐり合うことができます。そして二十年のあいだ、汚れを払う仕事（仏道修行）を続けたのちに、ついには自分が仏さまの実の子であることを知って、その跡継ぎとなることができたのです。

このたとえは、私たちにとっての大きな「救い」といっていいでしょう。「仏の子」であるという自覚が得られなくても、コツコツと地道に精進を続けていれば、必ずそういう悟りが開けることが、ここに教えられているのです。

この窮子のように、とにもかくにも、仏の家のなかにいることが大切なのです。仏道のなかにいることが大切なのです。そういう身と心の処し方をせずに「仏の子」としての自覚を得ようとするのは、ザルで水を汲もうとするようなもので、いつまでたっても汲みとれるものではありません。

では、ザルで水を汲めないときには、どうしたらいいのでしょうか。ザルごと水のなかにつかればいいのです。そうすれば、ザル全体が水で満たされます。つまり、身も心もどっぷりと仏さまの懐に飛びこんでいけば、その瞬間から、

「仏の子」であることが実感できるのです。

自分が「仏の子」であることを自覚できたら、自分が何をしたらいいのかがはっきりしてくるはずです。人間の親子を見ても、子どもは親を見ながら、親の姿を真似ながら育つものです。ですから、私たちは今日《こんにち》ただいまから、仏さまをお手本にしていけばいい、ということになります。

もちろん、仏さまは私たちとは比較にならないお方ですから、「お手本にする」といっても容易なことではありません。でも、あまりむずかしく考えなくてもいいでしょう。一つでも二つでも、真似のできるところからお手本にさせてもらえばいいのです。

それには、自分の前に出てくるものごとすべてに対して、仏さまの教えに適《かな》った受けとめ方をしていくことです。もっと簡単にいえば、「当たり前」のことを当たり前にしていけばいいのです。私たちが出会う「縁」は、すべて仏さまが出会わせてくださる「縁」なのですから、「仏さまは何を教えてくださるのか」という、その一点に焦点を合わせていけば、あとはむずかしいことはないはずです。

安心させるのが最大の孝行

ところで、「当たり前のことを当たり前に」というとき、いま、いちばん忘れられているのが「親孝行」ではないかと思います。そして、「孝行」の基本は、親子の関係を知るところから始まるのです。

格言に「孝は、親を安んずるより大なるはなし」とあります。親の最大の願いは、子どもが幸せになってくれることです。親になればだれでも知ることですが、親は子どもが幸せになることしか願っていないのです。ですから、「あの子はどこへ行っても大丈夫だ」と親を安心させ、満足させることがいちばんの「孝行」なのです。

親に孝行をするのは「当たり前」のことですが、仏道を歩むうえでも、この「親孝行」ができるということが大事なのです。私たちはみな「仏さまの子」であるのですが、実際の親を大切に敬えないようでは、仏さまを敬えるはずがないからです。

私たちが「仏の子」であるというのは、仏さまから命を授かっているということです。ただし、それは現実の親をとおして命を授かり、その命を生きているということです。ですから、まず目の前の親に真心からの感謝をささげることが、「孝」の第一歩です。目の前の親に孝行を尽くすことが、そのまま仏さまにとっての孝行であり、みなさん一人ひとりは孝行息子・孝行娘である、ということになるのです。「親」に「孝」と書いて続けて読めば、「シンコウ」(信仰)になるぐらいですから。

そして、もう一つ忘れてはならないことがあります。それは、仏さまは「一切衆生」の父であるということです。ですから私たちが、自分だけが幸せになれたというのでは、仏さまは満足されません。自分だけではなく、まわりのみんなが幸せになってこそ、仏さまがほんとうに満足され、安心されるのです。

ですから、まわりの人たちをなごやかな目で見て、あたたかな言葉をかけていくこと、また仏さまの教えをお伝えしてほんとうの幸せに導くことが、仏さまへの「親孝行」にほかならないのです。

「見宝塔品《けんほうとうほん》」に、「能《よ》く来世《らいせ》に於《おい》て　此《こ》の経《きょう》を読《よ》み持《たも》たんは　是《こ》れ真《しん》の仏子《ぶっし》淳善《じゅんぜん》の地《じ》に住《じゅう》するなり」とあります。

ここにある「来世」というのは、私たちがいま生きている現代と考えていいでしょう。いまの世に、法華経を読んで受持《じゅじ》する人は、ほんとうの「仏子」であって、清らかで善に満ちた境地に住む人であるというのです。

人間はすべて「仏子」であるのですが、法華経の縁に連なる私たちは、そのなかでもいちばん「親孝行」な子どもというわけです。私たちは常に仏さまをお手本として、すべての人を救おうとされるその大慈大悲の千分の一でも万分の一でも、できるところから実践していきたいものです。それが、ほんとうの「仏子」としての生き方ではないかと思います。

仏さまを恋慕する

「仏さまの教え」だから

冬になると、鉄砲を担いで鴨《かも》撃ちに出かける人がいたとします。ふと開いた本に「楽しみに殺生《せっしょう》するのはよくないことだ」と書いてあります。ちょっと気がとがめましたが、いわゆる一般論と受けとめて読み流し、あい変わらず猟に出かけました。

ところがその人が、とても尊敬している人から「鳥を殺すようなことはおやめなさい」といわれたとしましょう。おそらく、彼は尊敬する人のそのひとことを心に刻み、きっぱりと殺生をやめることでしょう。

ふつうの倫理・道徳の教えと、宗教の教えの違いは、そういったところにあるのです。

仏法は宇宙と人生の真実を教えるものですが、要は「人間はこのように生きるものです」「このような行ないは、してはいけません」といった人間の道を説いているのです。

たとえば、在家の信者に与えられた「五戒」、つまり「むやみに殺生をしてはならない」「盗みをしてはならない」「道ならぬ男女関係を結んではいけない」「うそをついてはいけない」「酒に飲まれてはいけない」といった戒めにしても、たいていの人が常識として知ってはいることです。知ってはいるのですが、なかなか守りきれません。

ところが、それを説いた人が単なる道徳家や哲学者ではなく、人類最高の聖者であるうえに、極めて人間味豊かで慈悲深いお釈迦さまであるというところに、その教えのありがたさがあるのです。

たとえば、ものおぼえが悪いため、兄に精舎を追い出されて泣いていた周梨《しゅり》槃特《はんどく》を連れ帰り、掃除に励むことをとおして、ついに一人前に育てられた、あの限《かぎ》りなくやさしいお釈迦さま……。また、チュンダが供養したキノコ料理に当たってご入滅の床に臥《ふ》せられたにもかかわらず、激痛をおしてそのチュンダに使いを出され、「そなたの供養は、スジャータのささげた乳粥と同様の尊いものだから、大いなる功徳がある」と告げさせた、かぎりなく思いやり深いお釈迦さま……。

あの懐かしくも慕わしいお釈迦さまが、人間すべての幸せを願って説かれた「五戒」であると思うと、「何がなんでも守らねばならぬ」という気持ちが湧いてきます。これが、仏さまの教えのありがたさなのです。

恋慕渇仰の心で編まれた法華経

法華経の前半は、おおむね理知的な「智慧の教え」です。それが、「如来寿量品」になると、「咸《ことごと》く皆恋慕《みなれんぼ》を懐《いだ》いて　渇仰《かつごう》の心《こころ》を生《しょう》ず」という、激しい情念の言葉が出てきます。

「恋慕《れんぼ》」というのは、文字どおり恋しく、慕わしく思うことです。「渇仰《かつごう》」というのは、のどが渇いた人がひたすら水を欲するように、一心に仏さまを求める心情をいうのです。その一例が、「増一阿含経《ぞういちあごんきょう》」にあります。

お釈迦さまが祇園精舎《ぎおんしょうじゃ》におられたとき、出家・在家の弟子たちに懈怠《けだい》のようすが見えました。そこで、お釈迦さまは「しばらく身を隠して、法を渇仰する気持ちを起こさせよう」とお考えになって、だれにも告げずに忉利天《とうりてん》に昇ってしまわれました。そして、そこで亡き母の摩耶夫人《まやぶにん》や天人たちを三か月にわたって教化されました。

お釈迦さまに深く帰依していたコーサラ国のパセーナディ王と、コーサンビー国のウダヤナ王は、杳《よう》として行方の知れないお釈迦さまのおん身を案じるあまり、病気になってしまいました。

ウダヤナ王の近臣たちは王の病気を心配して、彫刻の名人に牛頭栴檀《ごずせんだん》という香木でお釈迦さまのお像を作らせ、王に献上しました。ウダヤナ王は、そのお像を拝することによって快方に向かったといいます。

またパセーナディ王も、それに倣《なら》って黄金の釈尊像を作らせて拝しました。これが仏像の始めだということですが、ともあれ、二人の王はそれぐらいお釈迦さまを「恋慕渇仰」していたのです。

なお、お釈迦さまは、出家・在家のお弟子たちが、ご自身の不在によって渇仰の思いを生じ、よく精進していることをお知りになり、三か月後に地上にお帰りになったといいます。

法華経を学んでいるみなさんは、「如来寿量品」によく似た教えが説かれているのを思い出されるでしょう。毒を飲んで苦しんでいる子どもたちは、名医である父親が調合して与えた薬を飲もうとしません。しかし、父親が旅先で死んだと聞いて、にわかに父の言葉を信じる気持ちが起こり、その薬を飲んで正気をとりもどしたというのです。いつの時代でも、凡夫とはそういうものなのです。

そして法華経自体も、そういういきさつによって成立したものです。仏滅後五百年のころ、仏教の教派がいくつにも分裂し、仏教の真精神が見失われようとしていたとき、お釈迦さまを恋慕渇仰する一団の人びとが塔を建て、そのまわりに集まって仏徳をしのび、「法」を瞑想しました。そのときのありさまを、仏教思想家のひろさちやさんは、「佼成」誌（昭和六十二年三月号）にこう書かれています。

「修行者たちの熱心な呼びかけに応じて、お釈迦さまが出現された。彼らの瞑想体験のうちに、永遠の仏陀であるお釈迦さまがリアルにその姿を現わし出されたのであった。彼らは、お釈迦さまの説法を聴聞した。お釈迦さまは彼らに、真実の仏教——大乗仏教——を教えられた。それが『法華経』である。だから、『法華経』は永遠のお釈迦さまが説かれた真実の経典なのだ。わたしは、そのように信じている」と。

「如来寿量品」に、「衆生《しゅじょう》既《すで》に信伏《しんぷく》し　質直《しちじき》にして意《こころ》柔輭《にゅうなん》に　一心《いっしん》に仏《ほとけ》を見《み》たてまつらんと欲《ほっ》して　自《みずか》ら身命《しんみょう》を惜《おし》まず　時《とき》に我《われ》及《およ》び衆僧《しゅそう》　倶《とも》に霊鷲山《りょうじゅせん》に出《い》ず」とあるのは、まさにこのことでしょう。

すべての人を仏と見る

先ほどの「増一阿含経」の話のなかで、ウダヤナ王がお釈迦さまの尊像を拝して病気が快方に向かったという話は、現代の私たちにも思い当たる節があるでしょう。ある信者さんが、私にこう告白されました。

「私は、ときどき大きな不安に襲われて、思わず『仏さま』と叫ばずにはいられなくなります。そんなとき、道場におまいりしてご本尊さまを拝すると、何かこうホッとして、心がなごんでくるのですが……」

私は答えました。

「そのとおりです。そこが、ご本尊さまのありがたさなんです。ただし、そこからもう一歩進んで、いつも晴れ晴れした気持ちで拝むようになりたいものですね。道場に入ると、ご本尊さまが『来たか。待っていたぞ』と声をかけてくださるような、そんな境地になれれば上々ですよ」

「どうすればそんな境地になれるのでしょうか」

「まず、人さまのために働くことを心がけて、よい行ないを積みあげていくことですよ。そうすれば、仏さまは何よりも喜んでくださるのです。お経文にも『心《こころ》に恋慕《れんぼ》を懐《いだ》き、仏《ほとけ》を渇仰《かつごう》して便《すなわ》ち善根《ぜんごん》を種《う》ゆべし』（如来寿量品）とあるではありませんか」

こうした問答があったわけですが、いまこの話を書くにあたって、もう一つつけ加えたいことがあります。それは、日常ふれあう人に対して仏さまを見るような気持ちで接するようになれれば、さらに上々であるということです。

私は、法座や説法会で体験を語る会員さんに、仏さまを見ることがしばしばあります。そうしたとき、仏さまはいつも私たちのそばにおられて、常に法を説いてくださっていることをつくづくと実感するのです。

そういう実感をさらに広げて、父にも、母にも、夫にも、妻にも、子にも、そして友人や職場の人にも仏さまを見るようになれば、完璧でしょう。そういう境地になることができれば、その人自身すでに仏であるといってもいいのです。

むずかしいことのようですけれども、常不軽菩薩《じょうふきょうぼさつ》のように、会う人ごとにその人を拝む気持ちをもてば、少しずつでもそれに近づくことができるでしょう。法華経の信仰者であるかぎり、仏になるという理想の境地に向かって進むべきでありましょう。

仏道を歩むために生まれて

「恩」を知り、報いる

私たちは、神仏のご加護をはじめ、さまざまな恩恵をいただいて生きています。

「恩」という言葉でまず思い浮かぶのが、自分を生み育ててくれた父母の恩です。私たちは、自分が生きていることを当たり前のように思いがちですが、仏教では、人間としてこの世に生まれることは希有《けう》なことであり、ありがたいことであると考えます。その「有り難い」命を授けてくれた両親のことを思うと、おのずと感謝の気持ちが湧いてくると思います。

「恩」という字は「因」と「心」でできていますが、「恩」を意味するパーリ語の「カタンニュー」は、「なされたことを知る」という意味だそうです。私たちは、多くの人から陰に陽に、いろいろとお世話をしてもらって、現在の自分になったのです。そうして現在の自分になれた原因に思いをめぐらすと、自然に「恩」を思う心持ちになるはずです。

ですから、学生時代の先生をはじめとして、たとえば社会人になりたてのころに手とり足とり仕事を教えてくれた先輩や上司、あるいは厳しい注文をつけてくれたお得意先の人も、大切な恩人ということになります。

そういう人たちに対する感謝の心から、報恩の気持ちも湧いてきます。自分がこうして人間的に成長でき、幸せになれたご恩返しとして、「精いっぱい仕事に打ちこんでいこう」「少しでも社会に貢献できる働きをしよう」という気持ちになります。そして、「まだ自分は恩返しが足りていない」という謙虚な思いになると、報恩の行にも拍車がかかって、自然に仕事も順調に発展していくものです。

日蓮聖人は「知恩報恩」ということを人一倍大切にされた方ですが、どんな恩に報いることが大事かについて、「四恩」という言葉で、父母の恩、国土の恩、一切衆生の恩、三宝の恩をあげています。

「国土の恩」というのは、私たちがたまたま日本という国に生まれ、そこで安穏に暮らしていけるのですから、それは国の恩であるということです。また、「諸法無我」の教えのように、着るものや食べるもの一つにしても、大自然の恵みを受け、多くの人たちの尽力によって得ていることを考えると、「一切衆生の恩」ということにも思い当たります。

順風のときこそ

人生には、さまざまな「苦」がついてまわります。経済的な「苦」もあれば、健康面での「苦」もあり、対人関係での「苦」もあります。そういう「苦」に直面したとき、まわりの人から救いの手をさしのべてもらうと、「ああ、ありがたい」と素直に「恩」を感じます。しかし、私たちは、「苦」を乗りきってしばらくすると、その気持ちを忘れることも多いのです。

困難な一時期を乗り越えて、仕事や生活が順調にいくようになると、すべてが自分の努力によって得られた成果のように思いこみがちです。そして、何一つ不自由のない生活をしていながら、「もっと豊かになりたい」と不満をつのらせて、思いがけない困難な問題を招きこむことになるのです。そのようになりがちな私たちだからこそ、「受けた恩は石に刻め」という戒めがあるのでしょう。

日本という国を見ても同じことです。今年（平成七年）は終戦から数えて五十年になりますが、あの廃墟と化した焼け野が原から、今日のように発展するとはだれが予想できたでしょうか。終戦直後の日本は、外国からさまざまな援助を受けました。それなのに、こうして復興をとげて恵まれた社会ができると、援助を受けたこともすっかり忘れてしまうのです。世界には昭和二十年代の日本のような国がたくさんあるのですから、そこに日本としての恩返し、役割があると思います。

いま、超円高による不況が続き、景気は二番底、三番底と、回復の兆しもなかなか見えないようです。そういうときこそ、世界的な報恩の気持ちに立つことで、日本を見つめる世界の目も変わっていくのです。

常精進が「ご恩返し」

さて、「四恩」の最後にあげられている「三宝の恩」ですが、仏教徒としていちばん大事なのが、この「仏・法・僧」の「三宝」に対する恩でありましょう。

私たちは、「久遠《くおん》実成《じつじょう》大恩《だいおん》教主《きょうしゅ》釈迦牟尼《しゃかむに》世尊《せそん》」に心から帰依し、その教えの核心である法華経に帰依しています。そして、仏さまのご恩と法華経のご恩に包まれて、人生を歩ませていただいています。

そして、「僧」すなわち「サンガの恩」ということでは、「善き友をもつことは仏道のすべてである」というお言葉が思い出されます。「善き友」、つまりサンガ（同信の仲間）のなかで修行することが、仏道のすべてだというのです。ですから、「三宝の恩」のなかでも「サンガの恩」がとくに大事なのです。

それは、法座で膝を交える仲間たちの実践のなかに、仏さまの生きた働きがあらわれ、そこで交わされる言葉に、教えの尊さがいきいきと脈打っているからです。また、自分一人では気づけない間違いがあったときも、大勢のサンガの目で見ていくことで、正しい道を指し示してもらえます。そして、どういう生き方が幸せになれる道なのかを大勢の仲間がお互いに証明し合い、教え合い、合掌し合っていく、それが仏道を歩むということなのです。

仏さまは、「すべての人に仏道を歩ませたい」と願って、この世にお出ましになられました。そして私たちは、仏道を歩むために生まれ、こうして法華経に出会うことができたわけです。そう考えると、私たちがまっすぐに仏道を歩ませてもらうことが、仏さまに対する「ご恩返し」にほかなりません。

そのご恩返しを毎日の歩みのなかでどのように実践するかといえば、まず親孝行をさせてもらって、ご先祖さまに真心でご供養をさせていただくことです。また、人さまに接するときには、相手を思う「慈悲の心」で働きかけていくことです。

「自分が今日こうしてあるのは」と、常に「知恩報恩」の気持ちを抱いて、昼夜、常精進で仏道を歩んでいきたいものです。

仏さまの道を歩める喜び

精進は楽しいこと

生きていくということは、昨日より今日、今日より明日と、一日一日新しい自分を発見し、より大きく育てていくことにほかなりません。若葉の緑がまばゆいこの季節（五月ごろ）、進学や就職などで人生の新たなスタートを切ったみなさんは、希望に胸をふくらませていることと思います。

一方で、「五月病」などという言葉が聞かれるのもこの時期です。新たな夢や目標をめざして歩み出したものの、毎日が同じ日課の繰り返しだと思うと、あせりや不安を感じて、「こんなことの繰り返しで、一生が終わるのだろうか」などと、深刻に考えることがあるものです。けれども、それはけっして心の弱さや不足・不満の気持ちが原因ではありません。

人間はだれもが向上心をもっていて、いまいるところから理想をめざして歩んでいくものです。ですから、将来に対してあせりや不安をおぼえるのも、「もっと向上したい」という心の奥底の意欲がフツフツと湧き出しているからなのです。

その意欲を「精進」という言葉に置き換えると、人間性の向上をめざす自覚も増して、その進み方にも勢いがついてきます。

「精進」というと、つらさに耐えて一歩一歩進んで行く難行苦行をすることのように思われがちです。しかし、けっしてむずかしいことではありません。自分の夢や目標を実現させようと努力するのですから、むしろ楽しいことのはずです。

私が小唄を始めたのは、六十歳になってからでした。日ごろは稽古《けいこ》をするような時間はないので、車に乗るときにお手本を録音したカセットテープを聞いて練習しました。すると、渋滞に巻きこまれても、その時間をむだに思ったり、「苦」に感じたりすることもなく、逆にありがたい稽古の時間に変わるのです。

それが信仰をいただいている功徳で、何ごとにも真剣に打ちこめ、少しの時間でも活用できる智慧をいただけるのです。

ひとすじに、精いっぱい

菩薩の修行が示されている「六波羅蜜《ろくはらみつ》」の一つに「布施」が説かれています。私たちは、人さまに施す気持ちを常に奮い起こしていないと、すぐに我欲が先に立ってしまいます。「布施」は、そのことを戒めていると考えていいでしょう。

自分だけの幸せを考えていると、目先の欲を追いかけたり、得か損かにふりまわされたりする生き方になってしまいます。ところが、「人さまに幸せになってもらおう」「世の中のために役立とう」と心がけていると、「まず自分自身が向上しなければ」という一念が湧いてきます。そして、「お客さまや家族のお陰さまで自分を生かしていける」という、喜びの気持ちが強まります。

そうなると、どんな小さな仕事にも「させてもらう」という謙虚な心でとりくむことができて、みなさんに喜ばれるようになれます。そうした体験は、二度でも三度でも味わいたいと思うものです。さらに、それを繰り返し続けていると、いつもすがすがしい気持ちで過ごすことができて、幸せの境涯が自然にめぐってきます。また、困難な問題が起きたときでも、常に「精進」しようという気持ちが湧いてくるのです。

一芸に秀でた方に、その道の上達の方法をうかがうと、だれもが「一生が修業です」とおっしゃいます。どのような道でも、その道ひとすじに「精進」を重ねていくと、無心の境地に近づいていくものです。それによって人格的にも磨かれていきますから、仏道を歩いているのと同じことになるのです。

ところが、ある程度の技術を習得すると、「自分はこれで完成された」と慢心してしまうことがあります。反対に、一生懸命に努力しても成果があがらないときなどは、向上しようとする意欲を失うこともあります。

しかし、何ごとも精いっぱいの努力をするところに値打ちがあるのです。自分の仕事や役割にありったけの力をふりしぼることが、そのまま「仏になる道」につながっていくのです。

信仰の道も同じです。よく「無心になって精進しよう」といいますが、それも「救われたから、もうこれでいい」という気持ちではなく、利他の心を忘れずに、たゆみなく修行を続けていこう、ということなのです。

仏になる道へ

毎日を「常精進」の気持ちで過ごすためには、目標や願い、理想をもって、それに向けて全力を傾けることが大切です。大きな目標に向かって歩いていると、目の前に小さな不満や苦しみが現われても、それは「自分を磨き、成長させてくれるものだ」と受けとめることができます。そうしたひたむきな姿は、まわりの人を勇気づけたり励ましたりするなど、他に大きな影響を与えずにはおかないものです。

仏さまは、私たちを信じて「若《も》し法《ほう》を聞《き》くことあらん者《もの》は　一《ひと》りとして成仏《じょうぶつ》せずということなけん」（方便品）と、太鼓判を押してくださっています。つまり、「法華経の教えを聞いた人は、一人残らず仏になれる」というのです。

私たちはその信頼に応えて、「仏になる道」への精進を重ねていかなければならないでしょう。仏さまとのそうした約束で、この世に生まれてきたことを心に刻みつけていれば、感謝と楽しさで、ますます「精進」に弾みがついていくのです。

「仏になる」ということは、特別なことではありません。日々の生活のなかで少しでも多く、仏さまと同じ気持ちをもたせてもらうことです。仏さまという理想に向かって、一歩でも二歩でも近づいていくところに、生きがいが生まれます。

喜びの心で日々を過ごせれば、会う人ごとに喜びの出会いが結べて、「仏になる道」への第一歩が踏み出されるのです。大歓喜の心で「精進」されることをお願いいたします。

第二章

法華経をたずさえて

法華経はすべての人を救う教え

法華経を聞くことができた人は

今年（平成元年）は二黒土星の年です。文字どおり土の年であって、大地の年です。大地は万物を生かし、育んでいます。そして、動植物がその生命を終えると、それを分解して新しい命の糧とする大切な働きもします。それは、女性が子どもを生み育てる天性に似ていることから、二黒土星は俗に「女星《おんなぼし》」ともいわれています。

そのような天地の「気」に随順して、今年の私たちは、内に大きな慈愛の心を秘めながら、着実な、そして忍耐強い信仰活動を展開していくべき年なのです。

その活動の基礎となるのは、いうまでもなく法華経《ほけきょう》の精神です。私は、法華経こそ、すべての人を一〇〇パーセント救う教えであると確信しています。そのことを『庭野日敬自伝　道を求めて七十年』にも書きましたので、多くの人から「なぜ一〇〇パーセントなのか」と尋ねられます。年の初めでもありますし、初信のころを思い出して、そういう確信に立ち至ったいきさつをお話ししましょう。

三十歳近くまで私は、六曜や九星の法則を学び、修験道《しゅげんどう》や姓名判断など、いろいろな〝信仰〟を遍歴しました。いずれも不思議な働きを示しましたが、教えの的中率でいうならば、それらはおおむね八五パーセントの確率に終わるのが常でした。そこで「何か、人間という人間を一〇〇パーセント救える教えはないものか」と、漠然とながらそれを追い求めていたのです。

ところが、縁あって恩師・新井助信《すけのぶ》先生から法華経の講義を聴くようになったとき、「これだ。これこそ、世界じゅうのあらゆる人間を真の救いに導いてくれる、すばらしい教えだ」と、躍り上がらんばかりに喜んだのでした。

まず、胸にずんと響いたのは、「方便品《ほうべんぼん》」の「若《も》し法《ほう》を聞《き》くことあらん者《もの》は一《ひと》りとして成仏《じょうぶつ》せずということなけん」という一節です。「この法華経を聞くことができた人は、一人残らず成仏できる」というのです。

自分でいうのもなんですが、私はもともと素直な人間で、副会長だった長沼妙佼《みょうこう》先生（脇祖）からも、「会長先生はお人好《ひとよ》し過ぎて、人にだまされはしないかと心配ですよ」といわれていました。

そういったわけで、「一りとして成仏せずということなけん」というお釈迦《しゃか》さまのお言葉を聞いたとき、「仏さまのお言葉だから、間違いない！」と、まっすぐに信じこんでしまったのです。この素直な「信」によって私は救いに達しえたのだと、いまでもつくづく思います。これが信仰の妙諦《みょうてい》であり、救われる第一条件だと思うのです。

教えを信じない人も救いきる

もっとも、初めは素直に信じなかった人も、ずいぶんとまわり道をするけれども、結局は真の救いにまで導く……それが法華経のありがたいところです。

もう一度、よく法華経を読み返してごらんなさい。

「譬諭品《ひゆほん》」の「三車火宅《さんしゃかたく》のたとえ」では、長者の広大な屋敷が火事になり、大勢の子どもたちがそのなかにいます。最初は、父親が呼びかけても素知らぬ顔で遊びほうけていた子どもたちも、ついには火宅の外へ誘い出され、大白牛車《だいびゃくごしゃ》というすばらしい精神世界の乗り物を頂戴《ちょうだい》します。この長者が仏さまで、子どもたちが私たちであるのは、いうまでもないでしょう。

「信解品《しんげほん》」の「長者窮子《ちょうじゃぐうじ》のたとえ」では、仏さまに背を向けて迷いの世界を放浪していた男が、年をとるにつれてひとりでに仏さまのお住まいのほうへ引き寄せられます。そこでも仏さまのご威光に恐れをなして逃げて行ったのに、仏さまは手を替え品を替えて、根気よく働きかけてくださって、「自分は仏さまの実子であった」という目ざめにまで導いてくださったではありませんか。

「化城諭品《けじょうゆほん》」においては、仏道修行の途中で困難に耐えきれず、引き返そうとした人びとを幻の城のなかでひと休みさせる、という方便《ほうべん》によって、勇気をとりもどさせ、究極の道へ歩み出させてくださったではありませんか。

「常不軽菩薩品《じょうふきょうぼさっぽん》」にいたっては、仏さまの前世の身である常不軽菩薩《じょうふきょうぼさつ》に石を投げたり、棒で打ち叩こうとしたりした群衆も、いったんは地獄の苦しみを味わったけれど、ついには真の仏弟子となって救われたではありませんか。

これが、法華経なのです。一人として、その救いの網から漏れることはないのです、まことに「一りとして成仏せずということなけん」なのです。

法華経精神を世界に

法華経は、単に個々の人間を救うだけでなく、この世界を丸ごと救うという広大無辺の教えです。そのことは「如来神力品《にょらいじんりきほん》」に、さまざまな表現によって説かれています。いや、「説かれている」というより、「予言されている」といったほうが適切かもしれません。その予言の極致が、「時《とき》に十方世界《じっぽうせかい》、通達無礙《つうだつむげ》にして一仏土《いちぶつど》の如《ごと》し」という一句でしょう。

当時のインドには数多くの国があって対立し、争い合っていました。カピラバストの釈迦族が、コーサラ国の軍勢によって滅ぼされたのも、お釈迦さまがご在世時のことでした。そういう悲痛な体験をなさったお釈迦さまが、世界じゅうが「一仏土」となるであろうと予言されたのですから、じつに驚くべき洞察力であると感嘆せずにはいられません。

その洞察は、二十世紀末になって次第に実現しつつあります。長いあいだ対立し、覇を争ってきた米・ソのあいだにも雪解けムードが高まっています（平成元年当時）。ＥＣ（欧州共同体）の十二か国のあいだでは、これまでもお互いに往き来するのにパスポートなど要らなかったのですが、今度「共同体」からさらに進んで「欧州連邦」（現・欧州連合＝ＥＵ）という統合体になろうという機運が熟しつつあります。「世界連邦」への第一歩といってもいいでしょう。

そのほかの世界情勢をながめ渡してみても、法華経の「如来神力品」に説かれる「すべては一つ」という真実が、次第次第に地球上に具現しつつあることを、まざまざと見ることができます。

ただ一つ心配なのは、環境の破壊と汚染の問題です。とくに最近の異常気象と、農作物の世界的な不作にも影響が見られる大気の汚染です。これは、人類――とくに先進諸国の人間――が、より豊かに、より安楽に、より便利に、より速くといった、もろもろの欲望をあまりにも肥大させたために起こった事態で、この貪欲《とんよく》を抑制しないかぎり、上空にたまる炭酸ガスによって地球上の温室化が進み、南極や北極の氷が解け出して、世界の平地の大部分が水没してしまう恐れがあるとされています。

法華経のしめくくりの「普賢菩薩勧発品《ふげんぼさつかんぼっぽん》」に、法華経を受持《じゅじ》し、読誦《どくじゅ》し、書写する人は、「少欲知足《しょうよくちそく》にして能《よ》く普賢《ふげん》の行《ぎょう》を修《しゅ》せん」とあります。「少欲知足」ということは、暖衣飽食に慣れた先進諸国の人間にとってはなかなかの難事ですが、これを実行しなければ、私たちの子孫の命が危ないのです。人類全体の未来が危ないのです。どんなにむずかしくても、断じてその方向へ進んでいかなければなりません。「貪欲」を抑えて、「調和・バランス」という理想を実現することが、法華経のしめくくりに説かれていることを、私たちはあらためて重視しなければなりません。

私は、法華経の教えを真剣に学んで、日々の生活をその真理のレールに乗せていく努力をすれば、その難事がひとりでに身についてくるものと確信しています。ですから、法華経精神の展開こそが、人類を救う一〇〇パーセントの道であることは間違いありません。そして、私たち法華経の信仰者は、じつにその大事業の先駆者なのです。

どうか、今後も布教のために精いっぱいの努力を傾けていただきたい。私がお願いしたいのは、このことのみです。

神仏の願いに適う生き方

「いまだ発心していない菩薩」という意味

法華経の開経、口火を切るお経とされる「無量義経《むりょうぎきょう》」に、「是《こ》の経《きょう》は能《よ》く菩《ぼ》薩《さつ》の未《いま》だ発心《ほっしん》せざる者《もの》をして菩《ぼ》提心《だいしん》を発《おこ》さしめ」（十功徳品《じゅうくどくほん》）とあります。

ここは、ちょっとおもしろいところです。「この教えは、まだ発心していない菩薩に、菩提心を起こさせる」というのです。「菩薩」というのは仏の悟りをめざしている人ですから、すでに菩提心を起こしているはずです。そこをわざわざこのように説かれているのは、人はすべて菩薩になるべきであるのに、まだ菩薩になっていない人がいる、ということです。また、人はすべて菩薩であるのに、自分が菩薩であることを自覚していない人がいる、ということでもあります。

「菩提心」というのは、自ら仏の悟りを求めつつ、まわりの人たちを救いたいと願う心です。ですから、私たち一人ひとりが「菩提心」を起こして、みんなが幸せになる道を歩んでほしい、というのが仏さまの願いなのです。

「菩提心」というのは、「仏さまのようになりたい」と強く思う心でもあります。そういう気持ちを起こしても、すぐに仏になれるわけではありませんが、常に仏さまをめざして自分の心を調え、身の行ないを正しく保って、一歩一歩と向上していきたい、という気持ちです。

私たちはふだん、ものごとを正しく見て、正しい考え方をし、正しく行動しているつもりでいます。そうして自分なりに正しく生きていくことが大切ですが、それだけで間違いないと考えると、自分中心に偏っていくことが多いのです。自分中心の見方におちいらないようにするためには、そこに揺るぎのない羅針盤が必要になります。つまり、「自分の行ないが仏さまの願いに適《かな》うものであるかどうか」と、常に自分に問うことが大事なのです。

いつもお話しすることですが、仏さまは、私たちすべてを「わが子である」とおっしゃってくださっています。そして、「この教えを聞いた人は、一人残らず仏になれる」とまでおっしゃっているのです。ですから、私たちは「仏の子」として、日々の生活のなかで、少しずつでも仏さまに近づけるように精進《しょうじん》していくことが大切になります。

慈悲の心で接する

先ほどのお経文の続きに、「慈仁《じにん》なき者《もの》には慈心《じしん》を起《おこ》さしめ、殺戮《せつりく》を好む者《もの》には大悲《だいひ》の心《こころ》を起《おこ》さしめ」とあります。

これは、私たちにあたたかい「慈悲」の心を発露《はつろ》させて、「すべての人を幸せにしてあげよう」という、仏さまの願いなのです。ですから、私たちがその願いに沿って一つずつ実践していけば、みんなが必ず幸せになれるのです。

その第一歩は、まわりの人とふれあうときに、出会う人、出会う人に対してお互いが真心で、正直な心、「慈悲」の心で言葉を交わし合うことです。この「出会い」が、仏教でいう「因縁《いんねん》」ということです。善因は善果を生むのですから、こちらが真心で接していけば、まわりの人がみんな心を開いて、親しみに満ちた交流が生まれます。そして、「世の中に悪い人はいないのだ」という思いにもなります。

その反対に、相手を出し抜こうとか、相手を利用して自分がいい目をみようといった不純な心で接すると、その「出会い」がトゲトゲしいものになり、争いが起こってくるのです。

立正佼成会では、よく「まず人さま」といいますが、この「まず人さま」という気持ちが、仏さまの願いに適う生き方なのです。どんな場合でも「まず人さま」と、快く相手に譲る気持ちが大切で、それが慈悲心なのです。

「まず人さま」という気持ちで接して、すべての人に「仏性《ぶっしょう》」を発露してもらって、ともに手をたずさえて善根を植えていけば、その功徳《くどく》でみんな幸せになっていけるのです。

最初に、私たちが「菩提心を発す」ことが、仏さまの願いであるとお話ししましたが、お釈迦さまの説法が進みますと、「如来寿量品《にょらいじゅりょうほん》」の最後を、仏さまは次のようなお言葉でしめくくられます。

「毎《つね》に自《みずか》ら是《こ》の念《ねん》を作《な》す　何《なに》を以《もっ》てか衆生《しゅじょう》をして　無上道《むじょうどう》に入《い》り　速《すみや》かに仏身《ぶっしん》を成就《じょうじゅ》することを得《え》せしめんと」

この「すべての人を早く自分と同じ仏にしてあげたい」というのが、仏さまの大きな願いであるのです。ですから、仏さまが常にそう念じてくださっているということを胸にしっかりと刻んで、日常ふれあう人たちに、出会う人、出会う人に対して、「慈悲」の心でおつきあいしていくことが大事なのです。

心を一つにして実践しよう

昨年（平成六年）は、バチカンで開かれた第六回の「世界宗教者平和会議」

の開会式に、ローマ教皇ヨハネ・パウロ二世聖下のご出席をいただくことができました。このことによっても、立正佼成会が今日まで神仏の願いに適う道を歩んできたことが、証明されたように思います。

立正佼成会は、創立してまもないころから「天壌無窮《てんじょうむきゅう》・異体同心」を御旗《みはた》に掲げてきました。この「異体同心」は、日蓮聖人《にちれんしょうにん》の「異体同心なれば万事を成じ、同体異心なれば諸事叶ふ事なし」というお言葉によったものです。「同じ信仰につどう者として、心を一つにして法華経の教えを実践していこう」という気持ちを表わしたものでした。

この「異体同心」は、「多くの人が心を一つにして、ことにあたることが大切である」という教えですが、もう少し広げて見ることもできます。

この地球上には約五十七億（平成七年当時）という多くの人が生きていますが、すべての人に「仏性」がそなわっています。ですから、「五十七億の人間がもっている多種多様な心も、その奥には共通する心がある」ということなのです。すべての人が同じように「仏性」をもっているのですから、心を一つにして力を合わせられないはずがなく、そうして心を合わせていくのが神仏の願いに適ったことである、といえましょう。

また、この世界にはいろいろな宗教がありますが、「万教同根」というように、どの宗教も、すべての人にほんとうの幸せを得させたいという願いをその根底にもっているのです。

日本では「八百万《やおよろず》の神」といいますが、神さまといい、仏さま、菩薩さまといっても、それは呼び方が違うだけで、「久遠実成《くおんじつじょう》の本仏」のさまざまなあらわれであるともいえます。私たちを常に見守り、ご加護をくださっている神仏の願いをかみしめて、菩提心をもち続け、慈悲行の実践を続けていただきたいと思います。

信仰の功徳とは何か

万人に喜びを与えるお経

昨年（昭和六十三年）の最後の団参（本部参拝）を迎えたときのあいさつに、私は「この一年の団参で、いちばん功徳をいただいたのは、この私です」と話しました。

というのは、各団参の代表の人の体験説法に、一年じゅう感動しっぱなしだったからです。それぞれの人が深刻な人生苦に悩んでおられ、信仰をもちながらも、まだまだそれが足りなかったことを率直に懺悔《さんげ》しておられる。だから、次々に提婆達多《だいばだった》が現われてくるけれども、その逆条件を「自らを高める糧」として信仰に励み、ついに救いの境地に達することができた……。

そういった体験の数々を聞きながら、法華経の縁にふれた人間の幸せを、自分自身の幸せとして深く感じとることができました。また、「こういう尊い体験談を聞くことができるのも、サンガ（同信の仲間）があってこそだ」と、サンガのありがたさをしみじみとかみしめたのでした。信仰の「功徳」というのは、このような感動にあるのです。つまるところ「魂の喜び」なのです。

法華経は、そのような喜びを、万人に与えるお経です。そのような功徳に満ち満ちたお経なのです。法華経には、「分別功徳品《ふんべつくどくほん》」「随喜功徳品《ずいきくどくほん》」「法師功徳品《ほっしくどくほん》」というように、「功徳」を表題とする章もあります。その意味でも、「功徳経」と呼んでもさしつかえないでしょう。

とりわけ「分別功徳品」には、「其《そ》れ衆生《しゅじょう》あって、仏《ほとけ》の寿命《じゅみょう》の長遠《じょうおん》是《かく》の如《ごと》くなるを聞《き》いて、乃至《ないし》能《よ》く一念《いちねん》の信解《しんげ》を生《しょう》ぜば、所得《しょとく》の功徳《くどく》限量《げんりょう》あることなけん」とあります。

「仏《ほとけ》の寿命《じゅみょう》の長遠《じょうおん》」というのは、仏さまは「永遠のいのち」であるということです。ですから、そのことを信じることができた人が得る「功徳」は、はかることができないほど大きい、というのです。

また、「随喜功徳品」には「五十展転《ごじゅうてんでん》」が説かれています。ある法会で法華経の教えを聞いて「ああ、ありがたい」と随喜した人がいて、その感激を知人に話して、その知人もまた別の人に伝えます。次から次に「ありがたい」という随喜の念が伝わり、五十人目に伝わったときの功徳が説かれているわけです。

そして、「是《かく》の如《ごと》く第五十人《だいごじゅうにん》の展転《てんでん》して法華経《ほけきょう》を聞《き》いて随喜《ずいき》せん功徳《くどく》、尚《な》お無量無《むりょうむ》辺阿《へんあ》僧祇《そうぎ》なり」と説かれています。つまり、五十人目に法華経のありがたさを伝え聞いた人の「功徳」は、無限大であるというのです。

さらに「法師功徳品」には、「若《も》し善男子《ぜんなんし》・善女人是《ぜんにょにんこ》の法華経《ほけきょう》を受持《じゅじ》し、若《も》しは読《よ》み、若《も》しは誦《じゅ》し、若《も》しは解説《げせつ》し、若《も》しは書写《しょしゃ》せん。是《こ》の人《ひと》は当《まさ》に八百《はっぴゃく》の眼《まなこ》の功徳《くどく》・千二百《せんにひゃく》の耳《みみ》の功徳《くどく》・八百《はっぴゃく》の鼻《はな》の功徳《くどく》・千二百《せんにひゃく》の舌《した》の功徳《くどく》・八百《はっぴゃく》の身《み》の功徳《くどく》・千二百《せんにひゃく》の意《こころ》の功徳《くどく》を得《う》べし」とあります。

この「眼《げん》・耳《に》・鼻《び》・舌《ぜっ》・身《しん》・意《い》」の具体的な功徳に、こだわることはありません。功徳の発生や経過は、「方便品」に「唯仏与《ゆいぶつよ》仏《ぶつ》」とあるように、仏と仏のあいだだけでわかるものであって、私たちの容易に知り得るところではありません。

ただし、具体的な功徳を求めて神仏を拝むとなれば、それはエゴの信仰であって、それではほんとうの功徳はいただけないのです。

生かされ、護られている安心感

いま功徳の発生と経過は「仏と仏のあいだでしかわからない」といいましたが、現代は「理解の時代」ですから、私たちなりの知恵をしぼり、法華経の文《もん》証《しょう》に照らして考えてみましょう。

仏教にしても、キリスト教にしても、半分は哲学であり、道徳の教えです。それは常識の範囲内にあり、だれにもわかります。ところが、あとの半分は常識を超えた「魂の救い」の問題なのです。

法華経の結論ともいうべき「普賢菩薩勧発品」の「四法成就《しほうじょうじゅ》」の第一に、「一《いち》には諸仏《しょぶつ》に護念《ごねん》せらるることを為《え》」とあります。「自分は、もろもろの仏さまに思われているのだ、護《まも》られているのだ」と確信することが、法華経を体解《たいげ》する第一条件である、というのです。

宗教の信仰が、哲学や道徳の教えと違うところは、この一点にあるのです。すべての人間が平等に、「宇宙の大生命」、すなわち「久遠実成の本仏」に生かされていることは間違いありません。しかし、多くの人はそれを知りません。知らないために、本能のおもむくままに貪欲を追って自らを損ない、人を傷つけ、世の平和をかき乱しているのです。

ところが、信仰に入った人は、自分を生かしているその根源の実在、すなわち「宇宙の大生命」の存在を知ることができます。それは、「久遠の本仏」に生かされていることの発見です。この発見こそが尊いのです。

その発見ができれば、いまの境遇がどうあろうとも、「生かされている」ということ自体に、ほのぼのとした喜びが湧いてきます。なんともいえない安心感が胸を満たします。すると、当然のなりゆきとして、「生かされているままに生きよう。精いっぱい生きよう」という、純粋な生きがいが湧いてきます。それは「魂の喜び」であり、「魂の救い」である、といえるでしょう。

しかも、そういう心境になると、おのずから、悪いこと、つまり「宇宙の大生命の法則」に反するようなことが、できなくなります。

「宇宙の大生命の法則」に合致する行ないというのは、仏法に照らしていえば、「諸法無我《しょほうむが》」の法則に随《したが》う慈悲の行ないです。まわりの人びとを「苦」から救い、幸せにしてあげようとする愛他の行ないです。

そして、この慈悲の行は人間に対してだけでなく、大自然に対しても同じような愛情を抱き、その本来のあり方を損なわないように生活することでもあります。

功徳はあとで気づくもの

このようにして善い行ないをし続けていると、二年、三年とたつうちに、ふと「自分は変わったなあ」と感じることがあります。なんとなく心が優しくなり、広々となったような、そんな気持ちです。そのような気持ちになることが、じつは信仰の「功徳」なのです。

そして、そういう心境が定着すると、おのずから、その「功徳」が現実の生活にも現われてきます。

まず「身心一如」ですから、健康にもよい影響が出てきます。まわりの人に対しても寛容になって、家庭も平和になり、職場の人間関係もなごやかになります。さらには、いわゆる第六感が鋭くなって、思うこと成すことがズバリ、的を射るようになりますから、商売もうまくいくようになるのです。

もちろん、それらはあくまでも結果であって、そういう結果を願ってする信仰は、「我《が》」の信仰であると戒めなければなりません。

要するに、功徳というものは、あとで気づくものなのです。コツコツと信仰生活を続け、菩薩行《ぼさつぎょう》を実践しているうちに、「ああ、あれも功徳だった」「これも功徳だった」と気づく。そう気づいたときの喜びが、そのまま〝大いなる功徳〟にほかなりません。

「信解品」に出てくる「長者窮子《ちょうじゃぐうじ》のたとえ」がそうでしょう。

窮子は二十年ものあいだ、下積みの仕事をコツコツと忠実に続けてきて、その結果、思いがけなくも長者の全財産を受け継ぐ身となるのです。そのとき、「我本心《われもとこころ》に悕求《けぐ》する所《ところ》あることなかりき。今此《いまこ》の宝蔵《ほうぞう》、自然《じねん》にして至《いた》りぬ」と、歓喜します。この「求めないのに、自然にやってきた」というところが、なんともいえず尊いではありませんか。

「長者の全財産」というのは、「仏性」のことです。窮子はついに、自分が仏さまと等しい本質、つまり「仏性」をもっていることを自覚したのです。しかし、そうした精神面の「功徳」だけでなく、現実的な「功徳」も、「求めないのに自然にやってくるものだ」と、この説話は教えている、そう受けとってもさしつかえないと思います。

お釈迦さまは「法句経《ほっくぎょう》」で、「諸悪莫作《しょあくまくさ》・衆善奉行《しゅぜんぶぎょう》・自浄其意《じじょうごい》・是諸仏教《ぜしょぶっきょう》」（もろもろの悪いことは作《な》さず、もろもろの善いことを行ない、自然に心を浄《きよ》くする、これが諸仏の教えである）とお説きになっています。

「自浄其意」の「自」は、「みずから」ではなく「おのずと」なのです。自分の心を浄くしようと努力してみても、できるものではありません。悪いことをせず、善いことをし続けていると、おのずと心が浄まってくるのです。心が浄まってくれば、現実の功徳もおのずからやってくるのです。

要は、実行なのです。実行なくして功徳はありえません。先に法華経は「功徳経」であるといいましたが、その法華経を貫く教えは「菩薩行」、すなわち

「人を救い、世を救う行ないの実践」にほかなりません。このことを、あらためて深く見直していただきたいと思います。

仏語は実にして虚しからず

本仏が見えない私たち

私は今年（平成元年）の書き初めに、「如来寿量品」の「自我偈《じがげ》」から、次の二幅を書きました。

「我此土安穏《がしどあんのん》」（我《わ》が此《こ》の土《ど》は安穏《あんのん》にして）
「天人常充満《てんにんじょうじゅうまん》」（天人常《てんにんつね》に充満《じゅうまん》せり）

この意味は、「自我偈」を最初から読まなければよく理解できませんので、そのあらましを述べましょう。

お釈迦さまは、まずこうおっしゃっているのです。

「私が仏になってから、無量の時間がたっているのである。そして、常にこの土に住しているのであるが、心の顚倒《てんどう》している衆生にはその姿が見えないのである」

この場合の「仏」というのは、「久遠実成の本仏」のことです。「久遠の本仏」は常にこの世にいらっしゃるのに、人びとの目にはそのお姿が見えないというのです。

実際問題として、私たちはどうしても、目の前の実際に見える物体しか実在すると見ないものです。それは、「十二因縁」で説かれる「根本の無明」によって「ものの見方が顚倒している」、つまり、ひっくり返っているからです。

「自我偈」には、続いて「衆生の目から見て、この地球が現在のような状態である時期が終わって（劫《こう》尽きて）、世界じゅうが大火に焼かれてしまうと見える時期が来ても、仏の国土は安穏であり、天上界や人間界の住人が楽しい生活を送っている」と説かれています。私が書き初めに書いたのは、ここのくだりです。

この「劫尽きて」ということを簡単に説明すると、昔のインドでは、この世界は「成劫《じょうこう》・住劫《じゅうこう》・壊劫《えこう》・空劫《くうこう》」の四つの時期に分かれて変化すると見ていたのです。

「成劫」というのは、この地球が成立し、そこに山河や大地、植物、動物といった生命体が生まれる時期です。「住劫」というのは、その世界がおおむね安穏に、そのままの形を保つ時期です。「壊劫」というのは破壊期で、まず生命あるものが死滅していって、次に大地が壊れてしまう時期です。「空劫」というのは、形ある物がいっさいなくなった時期です。「いっさいが空に帰してしまう」といった表現がありますが、そのような状態になってしまうのが「空劫」です。それが過ぎると、また「成劫」が始まります。一つの世界が成立し、持続し、壊れ、また次の世界ができていく、と昔の人たちは考えたわけです。

仏の眼で見ると

　ところで、「劫尽きて」とあるのは、この「壊劫」のことを指しているのですが、その時期の初めは天災ではなく人災であると、仏法では見ているのです。『倶舎論《くしゃろん》』というインドでできた古い仏教の解説書には、「人間が美食にふけること。性が懶惰《らんだ》になること」が原因で、戦争、悪病、飢饉《ききん》が起こり、人類が死に絶えていく、と説かれています。

　このことは、二十世紀末の人類、とくに先進国の人間の生き方をまざまざと予見しているように思われ、痛烈な反省を強いられる気がします。

　現実に、たとえば地球の砂漠化や核戦争などによって、この地球上のすべてのものが破壊されてしまうのではないかと懸念されています。ところが、「自我偈」には、そのようなときであっても、仏さまの眼から見れば、「その国土は安穏であって、人間や天人が充満し、緑の園林が広がり、美しい堂閣が立ち並んでいる」と説かれているのです。いかにも美しい、仏国土のありさまです。それを聞いて、「それは、少しおかしいではないか」と思われる方もいるでしょう。

そこで大事なことは、仏さまの眼は、現実の姿だけを見るのではなくて、現実を超えた「理想の世界」を見ることができるということです。すべての人に対して「抜苦与楽《ばっくよらく》」、苦しみを抜いて楽を与えたいというのが、仏さまのお心です。ですから、私たちも仏さまの慈悲の心をお互いさまにもって、この世界を本来あるべき「安穏」な姿にしていく努力を続けることが大事なのです。

では、その「仏さまの眼」とはどのような眼でしょうか。

仏教では「五眼《ごげん》」ということを説いています。「肉眼《にくげん》・天眼《てんげん》・慧眼《えげん》・法眼《ほうげん》・仏眼《ぶつげん》」の五つです。

「肉眼」というのは、私たちのもっているふつうの目といってもいいでしょう。「天眼」というのは、ふつうの目では見ることのできないものをも見ることのできる、科学的な（たとえば顕微鏡のような）眼の能力などがそれです。

「慧眼」というのは、天眼よりさらに深く、宇宙の実相をも見とおす眼で、仏教学では「諸法の空《くう》を見る眼力」とされています。

「法眼」というのは、すべてのものの命の尊さ・美しさを見ることができる眼です。芸術的なものの見方といってもいいでしょう。ですから、昔は「狩野法眼元信」というように、すぐれた絵師や医師には「法眼」という称号が与えられました。

最後の「仏眼」ですが、これは「天眼・慧眼・法眼」を兼ねそなえた最高かつ完全な眼です。ただ、それだけでは私たち人間の想像をあまりにも超えているため、私たちには縁の薄いものに思えてしまいます。ですから、「仏眼」というのは、「慈悲」の心ですべてを見る見方である、と理解するのがいちばんわかりやすいと思います。

そのような仏さまの眼から見れば、私たち人間が「大火に焼かれるような苦しみの世界」と見ているこの世も、本来あるべき姿は「平和で美しい世界」なのだ……というのです。そのためには、私たちが仏さまのお心を体し、すべてを慈しむ心をもって「我此土安穏　天人常充満」の世界にしようと努めなければならないのです。

「我此土安穏」の境地

ですから私たちは、法華経に示されている仏さまのお言葉を素直に信じ、「久遠実成の本仏」が常に私たちのそばにおられることを信じて、いつも「慈悲」の心でふれあう生活をすることによって、実相の世界、すなわち仏国土の写しがこの娑婆《しゃば》世界にも実現していくのだ……と、そのように悟らなければなりません。

ところが、「久遠実成の本仏」は、私たちの肉眼では見ることができません。ですから、「久遠の本仏」の実在を信じなさいといわれても、どうしても信じられないという人もいるでしょう。

お釈迦さまは、この「自我偈」のなかで「衆生既《しゅじょうすで》に信伏《しんぷく》し　質直《しちじき》にして意《こころ》柔輭《にゅうなん》に　一心《いっしん》に仏《ほとけ》を見《み》たてまつらんと欲《ほっ》して　自《みずか》ら身命《しんみょう》を惜《おし》まず　時《とき》に我及《われおよ》び衆僧《しゅそう》　倶《とも》に霊鷲山《りょうじゅせん》に出《い》ず」とおっしゃっています。「質直《しちじき》にして意柔輭《こころにゅうなん》」というのは、つまり心がまっすぐで、素直で、柔らかいということです。また、

「霊鷲山《りょうじゅせん》」というのはインドの特定の山だけを指すのではなく、世界じゅうのどこでも、法華経を信じる人のいる場所が「霊鷲山」なのです。

そして「我《が》」というのは、お釈迦さまご自身とはかぎりません。「久遠の本仏」がさまざまな身に化身してさまざまな聖人・賢人の身となって現われ、人間の生きるべき正しい道をお説きになるというのが本意です。

心の素直な人は、そのような聖人・賢人、ときには日常接するふつうの人びとを仏さまと見て、その言葉によって目ざめることができるのです。

「きょうは法座で、Aさんの親不孝の懺悔《さんげ》を聞いて教えられた」というようなことが多々あるでしょう。それをAさんの話でなく、仏さまの説法だと思えればすばらしいことですし、「なるほど、なるほど」と思えるのが悟りなのです。

私は、お釈迦さまが「自我偈」のなかで、「仏語《ぶつご》は実《じつ》にして虚《むな》しからず」と断言されていることを、素直にそのまま信じています。そのお陰で、どんなときでも仏さまとともにあるという「我此土安穏」の心境でいられることを、私はありがたく思っているのです。

当たり前のことを当たり前に

仏さまに生かされるまま

私に対する、いろいろなお方の批評の言葉がよく耳に入ってきますが、いちばんうれしいのは、「当たり前のことを当たり前に実行している人間」といわれることです。最高のほめ言葉として、ありがたく頂戴《ちょうだい》しています。

もちろん、若い時分は道を求める心の激しさから、当たり前以外のことに体当たりしたこともあります。けれども、法華経の教えを知って、それを心から信仰するようになって以来、「中道」といいましょうか、「当たり前」といいましょうか、そういったレールの上に自然に乗ってきたように思われます。

というのは、法華経は一面、激しいところもありますが、法華経そのものが

「当たり前」のことを教えているからです。その最たるものが、「薬草諭品《やくそうゆほん》」の「三草二木《さんそうにもく》のたとえ」でしょう。

空一面を覆った大雲から、一相一味《いっそういちみ》の雨が降ってきます。その雨のうるおいで、大樹は大樹なりに、灌木《かんぼく》は灌木なりに、薬草は薬草なりに、ありのままに成長していくのです。

「大雲」というのは、「久遠実成の本仏」の「生かす力」です。すべてのものを、ありのままに生かそうとする大慈悲です。植物には「我《が》」がありませんから、生かされるままに素直に生きています。ですから、亭々《ていてい》たる大木を見ても、枝の張り具合から葉のしげり具合まで、一分の隙もない調和があって、じつにみごとです。

小さな草のスミレやタンポポなどを見ても、それぞれに可憐な花をつけて、大木に劣らぬ「いのちの美」を、いきいきと表わしています。これが「当たり前」の姿なのです。

それに対して、人間には「我」という自己中心の心があって、そのために、生かされるままに生きることができず、「苦」の世界に迷いこんでしまうのです。

「信解品」に出てくる「長者窮子のたとえ」の窮子が、小さいときに父のもとから家出して、五十歳になるまで諸国を放浪して苦労したのがそれです。

ところが、年をとったころに、ひとりでに父の長者が住む町へ足が向くのです。まるで、砂鉄が磁石に引きつけられるように……。ここのところがなんともいえず味わい深いと思います。若いときは自分を過信して、道ならぬ道に突入することもありますが、次第に「当たり前」の道に引かれるようになるのです。たいていの人間がそのとおりです。

窮子は、父の長者の屋敷に雇われて、汚れたところを掃除する仕事を二十年間も続けました。忠実に、せっせと働きました。ということは、「当たり前」のことを「当たり前」にするようになったわけです。ですから、ついには父の長者の全財産を継ぐ身になれたのです。

「鉢を洗っておきなさい」

現代人には、この「当たり前」が欠落しているのではないでしょうか。

いま、日本では政治不信ということが最大の問題になっていますが、それは政治家の人たちがあまりにも「我」にとらわれ、政治家としての「当たり前」から、はなはだしく逸脱しているからです。同時にそれは、私たち国民も「当たり前」のことが欠落しているからにほかなりません。

道元禅師《どうげんぜんじ》は「仏道をならふといふは、自己をならふなり。自己をならふといふは、自己をわするるなり」と述べています。この「自己を忘れる」というのは、ちっぽけな「我」から離れ、天地の理法に随《したが》って当たり前に生きる、ということにほかなりません。

禅宗では、とくにこの「当たり前」のことを大事にしているようです。中国の『従容録《しょうようろく》』にある二つのエピソードを紹介しましょう。

趙州《じょうしゅう》禅師は中国唐代の名僧の一人ですが、あるとき、一人の僧が趙州禅師の僧林（雲水が修行する寺院）に入門しました。その僧が「私は初めてこちらにまいり、勝手がわかりません。どのようにしたらよろしいでしょうか」と、指示を仰ぎました。趙州禅師は「朝の粥《かゆ》は食べたかね」と尋ねました。禅宗では朝食は粥と決まっているのです。新参の僧が「はい。いただきました」と答えると、趙州禅師はただひとこと、「鉢を洗っておきなさい」といわれたのです。

これは、食事をした「鉢」のことだけをいったのではありません。「当たり前のことを当たり前にしていきなさい」と教えているのです。

さらにいえば、「禅とは、特別な修行があるものではなく、日常生活に一時の遅滞もなく、なすべきことをなしていくことだ。師に会ったら教えを請い、教えを聞いたらすぐに実践する。自分がなすべきことを常に見失わないことだ」ということでしょう。これは、仕事でも、同じことがいえるはずです。

また、同じく唐代の名僧として知られる雲門禅師《うんもんぜんじ》に、一人の僧が、「如何《いか》なるか是《こ》れ塵々三昧《じんじんざんまい》」と問いかけました。「塵々三昧」というのは、朝から晩まで懸命に働くことですから、つまり「毎日の仕事をりっぱにやっていくには、どんな心がけが大切ですか」という質問です。

それに対して雲門禅師は、「鉢裏飯《はつりはん》、桶裏水《つうりすい》」と答えました。これは、「ご飯は鉢に入れ、水は桶《おけ》に入れておくように」ということです。つまり「当たり前のことを当たり前にする」、それが働きの極意であり、また仏の道にほかならない、というわけです。

これからの人類にとって、いちばん大切な命題は、大自然とどうつきあうかということですが、ここにも、「当たり前」というごく平凡なことが、抜きさしならぬ切実さをもって迫ってくる気がします。

謡曲の「芭蕉」に、こんな一節があります。

「……されば柳は緑。花は紅《くれない》と知る事も。唯其《ただその》ままの色香の草木も。成仏の国土ぞ成仏の国土なるべし……」

柳は緑、花は紅、その「当たり前」がそのとおりにあることが、草木の成仏の姿であり、国土の成仏の姿である、というのです。現代人に対する、痛烈な教訓と受けとらなければならないでしょう。

いまの人類は、あまりにも野放図な恣意《しい》（わがまま心）のために、大自然の「当たり前」の姿を容赦なく破壊しています。それは、地球の砂漠化、異常気象、旱魃《かんばつ》、洪水、飢饉《ききん》となってはね返ってくるのです。このことも、今後の人類の最大の努力目標であるでしょう。

過剰な欲を手放せば

では、具体的な問題として、当たり前に生きるためには、いったいどうすればいいのでしょうか。

私はこう思います。「現実生活に対する欲求を、一〇〇パーセントまではもたないことだ」と……。

親が過剰な期待をかけて子どもを害したり、過剰な情報によってバランスを欠いた要求を互いにぶつけ合ったりして、多くの夫婦が離婚しています。人間ですから、現実生活に対する欲求があるのは当然なのですが、それを一〇〇パーセント達成しようと思うことから生じる欲求不満によって、自分も苦しみ、他をも傷つけ、社会をも混乱させるのです。

ですから、欲求をせいぜい八〇パーセントぐらいに抑えることです。そうすれば、二〇パーセントほどのゆとりが心に生まれ、それが自分自身のあり方を変えて、かえって人生を楽しむことができます。

与謝蕪村《よさぶそん》の句に、「二もとの梅に遅速を愛す哉」というのがあります。二本の梅の木があって、一本は早く花をつけ、一本は遅れて咲く。それが楽しいというのです。そこに「心のゆとり」があります。現代人は、ともすれば、二本とも早く咲け、早く満開になれというような「一〇〇パーセント主義」の欲求を、よろずのことにもっているのではないでしょうか。遅れて咲く梅も、平等に愛する。そういう心のゆとりこそが大切だと思うのです。

最後に、ぜひいっておきたいことがあります。

「当たり前に生きる」ということを、「凡々と暮らせ」という意味に誤解してもらいたくないのです。

法華経は、「すべての人間が仏、すなわち〝目ざめた人〟になるように」という理想を掲げています。志は高くもたなければなりません。その志に向かって、与えられた命を完全燃焼させなければなりません。これが「当たり前」なのです。

神仏のご加護をいただく

繁栄も平和も神仏のご加護

この八月十五日（平成元年）は、四十四回目の終戦記念日となります。日本じゅうの都市が焼け野原となり、国民のほとんどが栄養不足で痩せこけていたあの悲惨な状態から、よく今日の繁栄を築くことができたものだと、感慨無量なものがあります。

これは、日本人の勤勉さに一因があったことはいうまでもありません。しかし、私は、国民の努力だけでこれだけの繁栄を得ることはできなかったと思うのです。日本があの灰燼《かいじん》のなかから力強く立ち直ることができたのは、「二度と戦争を起こすまい」と誓った「平和憲法」を守ってきたことで神仏のご加護がいただけたのだと、宗教者としてそのように思わずにいられません。

ところで、日本が「平和憲法」を守ることができたのは、それなりの精神的な基盤があったからです。聖徳太子以来、千四百年にわたって、「和を以《もっ》て貴《とうと》しと為す」という教えが日本人の心に深く根づいていたからこそ、「平和憲法」をしっかり守ってくることができたと思うのです。

その「平和憲法」に対して、「あれはアメリカに押しつけられたものだから、見直すべきだ」という声もありますが、私はこう思います。

お釈迦さまの教えはインドで生まれましたが、日本人はこれを受け入れたのです。お釈迦さまの教えを守っていけば、だれもが幸せになれると思ったのです。ですから、私たちは大事にこれを守っています。「平和憲法」も同じことです。どこの国でできたものであれ、「それを守れば幸せになれる」というものは、それをしっかり守っていくべきなのです。

同時に、「日本は平和憲法を守ることで神仏のご加護もいただき、このように幸せになれたのだから、あなたの国もこういう憲法にしたらどうですか」と、世界に呼びかけていくことも日本の役割なのです。

仏を真似れば無量の宝が

日蓮聖人は、災害が続いた当時の社会を憂えて、『立正安国論』で「国民が正法をかえりみないために、諸天善神が国を捨て去り、多くの災禍が起こり、国威が失われる」という意味のことを説かれています。

この日蓮聖人のお言葉も、本来ならば必ず神仏の大加護がある、ということを前提にしているのです。それなのに、次々に災難がふりかかってくるのは、国民の心が正しい教えから離れているためである、ということです。

いま（平成元年）の日本も、いろいろな問題を内外に抱えています。外にあっては、日本があまりにも経済的に強大となり、その強大さにおごった所行が多々あるために、アメリカにかぎらず世界の国々の警戒心と反感を買いつつあります。内においては、企業と政治家のあいだで起こった贈収賄事件を初め、繁栄におごって安逸を貪《むさぼ》り、足ることを知らず、金や物の追求にふけり、自ら「苦」を背負っているように見受けられます。このままでは、遠からず神仏が日本を見捨ててしまう、といっても過言ではないでしょう。

私たちはこのへんで発想を転換して、神仏が何を願いとされているかを知らなければならないと思います。その神仏の願いを知るのが信仰であり、法華経を学ぶことであるといえるでしょう。

たとえば、法華経の「方便品」には、「我本誓願《われもとせいがん》を立《た》てて　一切《いっさい》の衆《しゅ》をして我《わ》が如《ごと》く等《ひと》しくして異《ことな》ることなからしめんと欲《ほっ》しき」というお言葉があります。「みんな、私と同じように、なんの悩みも苦しみもない境遇になってほしい」というのが、仏さまの願いにほかならないのです。

そして、「信解品」の「長者窮子のたとえ」には、「無量《むりょう》の珍宝《ちんぽう》、求《もと》めざるに自《おの》ら得《ずかえ》たり」という言葉があります。

幼いときに父の家からさまよい出た窮子は、自己中心の欲にしがみつき、その満足のみを求めていたために、常に「苦」の世界を放浪していました。ところが、父の長者（仏さま）の屋敷に雇われて一生懸命に働いているうちに、次第に自己中心の気持ちが薄れていきます。そして、ついには「ああ、自分は仏さまの大慈大悲に生かされているのだ！」という自覚を得たのです。こうして、窮子は長者の全財産を受け継ぎますが、それが「無量の珍宝、求めざるに自ら得たり」ということです。

これは、窮子が仏さまの本願の、「正しい心をもち、正しく生活することによって、すべての人間が幸せになるように導きたい」というお心に沿った行ないを続けたからこそ、そうした自覚を得たのです。

私たちはこの説話をよく味わい、そこにこめられた「すべての人を幸せにしたい」という仏さまの願いを、腹の底に叩きこまなければならないと思うのです。

さらには「如来神力品」にも、「諸仏救世者《しょぶつくせしゃ》　大神通《だいじんづう》に住《じゅう》して　衆生《しゅじょう》を悦《よろこ》ばしめんが為《ため》の故《ゆえ》に　無量《むりょう》の神力《じんりき》を現《げん》じたもう」とあります。このように、法華経はどこを読んでも、仏さまは常に「人びとに幸せな境遇を与えたい」と願われていることがわかります。

それが仏さまの性質、つまり仏さまのお心の働きなのです。私たちは、そういう仏さまの性質を真似していけばいいのです。仏さまの本願のように生きるということは、仏さまの性質を真似していくことにほかなりません。それは、菩薩行を実践することに尽きるでしょう。

つまり、仏さまは常に、「あなたが仏の本願のような気持ちになれば、おのずから無量の宝を授かるのですよ」と見守ってくださっているのです。仏さまはこの上ない宝を授けたいのですから、私たちのほうでその宝を拒むようなことがあってはいけないのです。

神仏の大慈大悲がしみわたる

仏さまのご加護をいただくということを、私たちの日常に照らして考えると、やはり大事なのは、争いをしてはいけないということです。そして、自分の幸せだけを求めるのでなく、人さまのために施せる人間、人さまの幸せを願う人間になればいい、ということになります。

そのことをいちばんわかりやすく教えているのが「五戒」です。

「五戒」の一番目は「不殺生戒《ふせっしょう》」で、命あるものを殺さないことですが、これは争わないことの象徴です。その次が「不偸盗戒《ふちゅうとう》」で、人のものを盗まないということです。
そして「不邪婬戒《ふじゃいんかい》」は、よこしまな男女関係を結ばない。さらに「不妄語戒《ふもうごかい》」といって、うそをついてはいけない。最後は「不飲酒戒《ふおんじゅかい》」で、自分を見失うほど酒を飲んではいけないということです。どれも、だれもが守れそうな、ごく「当たり前」の教えです。

みなさんのなかには、「五戒」と聞くと、自分を束縛するもののように受けとる人がいるかもしれません。しかし、それはとんでもない誤解です。たとえば、ガードレールの内側を歩いているなら、私たちは安心していられます。それと同じで、「五戒」こそ自分を守ってくれるガードレールである、といってもいいでしょう。

現在、私たちがなかなか幸せになれないのは、自分で災難をつくっているからです。いま、あまりにも豊かになり過ぎて自分の足もとを見失い、ガードレールの外側を歩いているのです。

かみくだいていえば、「自ら五戒を守りながら、人さまが幸せになるための働きをしなさい」というのが、仏さまの願いであるといえるでしょう。「五戒」をしっかり守る家庭や社会を作っていくためには、一人でも多くの人に法を伝えなければいけないということになるわけです。

たとえば「法師品《ほっしほん》」には、「如来《にょらい》の滅後《めつご》に其《そ》れ能《よ》く書持《しょじ》し読誦《どくじゅ》し供養《くよう》し、他《た》人《にん》の為《ため》に説《と》かん者《もの》は、如来則《にょらいすなわ》ち衣《ころも》を以《もっ》て之《これ》を覆《おお》いたもうべし」と説かれています。仏さまが、その衣で覆ってくださる、というのです。これは、法華経を受持し読誦し、まわりの人のためにそれを説く人間を、仏さまが守護してくださるということです。

神仏を信仰することによって、神さま仏さまに生かされているという妙境に達しますと、神仏の大慈大悲がなんの障壁もなしに一〇〇パーセントわが身にしみとおってくるのです。

願わくは、日本という国も諸仏・諸菩薩・諸天善神に守護していただけるような、清らかな繁栄の国にしたいものです。

「一仏乗」の精神で歩む平和への道

ローマ教皇との深いご縁

この平成六年（一九九四年）十一月、北イタリアのガルダ湖畔で、第六回「世界宗教者平和会議」が開かれます。ローマ教皇ヨハネ・パウロ二世聖下も、バチカンでの開会式に出席され、基調講演をされる予定になっています。じつは、ローマ教皇と「世界宗教者平和会議」は、非常に深いご縁のつながりがあるのです。

三十年ほど前まで、私はカトリックに疑問を抱いていました。「カトリックだけが、天国に入る門の鍵をもっている」という考え方は、法華経の「一仏乗の教え」と相容《あいい》れないからです。そこで私は、全国布教のたびにカトリック批判を繰り返していました。

ところが、昭和四十年（一九六五年）に「オリエンス宗教研究所」所長のヨゼフ・スパー博士から、「第二バチカン公会議を見てみては……」という打診がありました。「バチカン公会議」は、全世界のカトリックの司教が集まり、百年に一回開かれる最高会議です。その「バチカン公会議」に、異教徒の私がなぜ誘われるのか、どうも納得できません。その理由をスパー博士に尋ねると、三つの理由があるというのです。

立正佼成会が創立して三十年足らずで大教団に発展し、社会的な影響力も大きいこと、会の創設者が先頭に立って教団を率いていること、そして「宗教協力」にとりくむ開かれた教団であること、それで私を選んだというのです。

考えてみると確かにそのとおりなので、素直に招待を受けてみようと心を決めました。「先入観を捨てて、カトリックの考え方を自分の目でしっかりと見、自分の耳でしっかりと聞きたい」という気持ちでした。この「第二バチカン公会議」の開会式への出席が、私の後半生を決定する大きな転機になったのです。

昭和四十年九月十四日、サンピエトロ大聖堂で開かれた「第二バチカン公会議」の開会式は、ローマ教皇パウロ六世聖下によるミサで始まり、そのあと「教会一致」について、全世界の司教にこう語りかけました。

「いまや、キリスト教をはじめとして、宗教が分裂しているときではありません。互いに手をとり合って、世界の平和へ進むときです」

私は感動しました。私がかねてから考えていたことと、ピタリと合致したからです。その感激は、翌十五日の夕刻、ローマ教皇庁の一室でパウロ六世聖下に親しくお目にかかったとき、絶頂に達しました。

私の手を包むように握られたパウロ六世聖下は、

「いまや人類という言葉は、隣人という言葉と等しい時代になりました。キリスト教徒と仏教徒が力を合わせて、平和への道を歩む。これこそ、宗教者が人類に貢献できる道なのです」

と語られたのでした。

このひとことで、私はパウロ六世教皇を信じました。以来、キリスト教の人たちを無条件に信じるようになったのです。

「世界宗教者平和会議」の誕生

「相手に自分を理解させるのでなく、まず自分が相手を理解しようと努力する。そこに世界平和を築く鍵がある。世界の諸宗教の指導者が、対話と交流と協力によって世界平和を実現させる導き手とならねばならぬ」……それが私の強い願いですが、その私と同じ願いをもつ宗教家が、アメリカにもいたのです。

アメリカのユニテリアン・ユニバーサリスト協会の会長であるグリーリー博士、ユダヤ教のアイゼンドラス博士、カトリックのライト枢機卿たちです。この宗教者たちから、日本の宗教界に対してこんな申し入れがありました。

「インド独立の父マハトマ・ガンジーの生誕百年祭の年（昭和四十四年／一九六九年）を期して、ガンジー翁の非暴力主義を引き継ぐ宗教者の平和会議を日本で開催できないだろうか」

その話が、「宗教センター」の常任理事をしていた私にもちこまれてきたのです（昭和四十二年／一九六七年）。

年が明けた昭和四十三年（一九六八年）一月、インドのニューデリーでガンジー翁の生誕百年を記念する国際シンポジウムが開かれました。その帰路、アメリカの宗教者たちが日本に立ち寄り、日本の宗教界の有志三十余人とのあいだで会議がもたれました。

その会議で「世界の宗教者による平和会議」という構想が語られ、翌年二月にトルコのイスタンブールで開かれた会議で、昭和四十五年（一九七〇年）の秋に「世界宗教者平和会議」を京都で開催することが決定したのです。そして、その開催と運営の責任が、私の両肩にかかってきたのでした。

その京都会議から、もう二十四年（平成六年当時）。「世界宗教者平和会議」は、ほぼ四年ごとに開催され、初めは「宗教協力など不可能である」と学者たちに笑われたものですが、着々とその成果をあげてきたのです。

世界を一つの仏土に

私は、宗教協力によって地上に平和が実現することを、信じて疑いません。

なぜならば、私が心から帰依《きえ》する法華経に、まさしくそのことが説かれているからです。

「方便品」には、「若《も》し法《ほう》を聞《き》くことあらん者《もの》は　一《ひと》りとして成仏《じょうぶつ》せずということなけん」とあります。「成仏」というのは「目ざめた人になる」ということです。各宗教に共通する根本の真理をしっかりと学べば、必ず「目ざめた人」になりうるのです。

地球的な規模でそのことを説いたのが、「如来神力品」にある「通一仏土《つういちぶつど》」です。

「所散《しょさん》の諸物十方《しょもつじっぽう》より来《きた》ること、譬《たと》えば雲《くも》の集《あつま》るが如《ごと》し。変《へん》じて宝帳《ほうちょう》となって、偏《あまね》く此《こ》の間《あいだ》の諸仏《しょぶつ》の上《みうえ》に覆《おお》う。時《とき》に十方世界《じっぽうせかい》、通達無礙《つうだつむげ》にして一仏土《いちぶつど》の如《ごと》し」

このことのあらわれは、東西ドイツの統一などにも見られます。しかし一方、民族や宗教の対立による戦闘、アフリカ地域での内戦による悲惨な状況などを見ると、まだまだ人類は「目ざめ」に遠い存在であることも事実です。宗教協力で得た功徳と、まだ到達しえない現実とをしっかり見極めて、今後も法華経の精神をもってたゆまぬ精進をさせていただこうではありませんか。

三界は安きことなし

この世は「火宅」

法華経の「譬諭品」に、「三界《さんがい》は安《やす》きことなし　猶《な》お火宅《かたく》の如《ごと》し」と説かれています。この「火宅」という言葉は、私たちの人生の危うさを端的に示したものと思います。私たちが住んでいる家、安らかであるはずのその家が、火に包まれている、それが「火宅」という言葉です。

最初の「三界」というのは、「欲界《よくかい》・色界《しきかい》・無色界《むしきかい》」のことで、つまり迷いの多いこの世の中といってもいいでしょう。人の一生は何一つ平穏無事なものはなく、常にボウボウと燃えさかる火の海に包まれているという意味です。私は、今日《こんにち》の社会を見るとき、この教えが強烈な現実性をもっていると感じるのです。

というのは、日本の経済力を支えている働きざかりの人たちが、まるで「火宅」の中にいるような身心の「苦」にさいなまれていることを頻繁に見聞するからです。

現代病というか、社会病というか、ストレスによるノイローゼ（神経症）気味の人が増えているようです。たいていは几帳面《きちょうめん》な人で、仕事が思うようにいかなくてクヨクヨしたり、役付きになって責任が重くなって、それを「苦」にする人も多いと聞きます。職場では大なり小なりだれもが経験することで、いわば当たり前の苦労なのですが、いまは職場の機能が複雑化しているため、それが重荷となって心のバランスを崩してしまうようです。

生活の面でも、食事が外食中心で、家庭での食事が少なくなっていて、帰宅が毎晩のように遅くなり、あるいは単身赴任というケースも増えて、家庭で安息が得られないことが大きな原因になっているようです。

さらに、奥さんがパートなどの仕事に出ていて、その収入は子どもの教育資金というか、つまりは塾通いの費用です。子どもは受験戦争に追い立てられて、早くもストレスをおぼえさせられる。母親も、仕事と家事のかけもちでストレスがたまる。そこへ主人がストレスのかたまりのような状態ときては、まさに「火宅」の中で暮らしているようなものです。成人病、または過労死や突然死なども、それが要因の一つとされているようです。

日本の経済がますます発展していくなかで、それを支える働き手の多くが、身心ともに「火宅」に焼かれているのでは、由々しき問題といわざるをえません。

欲にかじりつかない

では、そういう人たちが救われる道は、どこにあるのでしょうか。

きついことをいうようですが、まず、ご本人が自分自身を省みることが出発点だと思うのです。

「譬諭品」のこの一句の少し前に、「諸《もろもろ》の衆生《しゅじょう》を見《み》るに生《しょう》・老《ろう》・病《びょう》・死《し》・憂《う》悲《ひ》・苦悩《くのう》に焼煮《しょうしゃ》せられ、亦《また》五欲財利《ごよくざいり》を以《もっ》ての故《ゆえ》に、種種《しゅじゅ》の苦《く》を受《う》く」とあります。このことを、わが身に引き比べて、よく考えてみることです。

まず「生《しょう》・老《ろう》・病《びょう》・死《し》」ということですが、これはすべての人間に与えられた運命で、だれ一人として逃れることができないものです。それなのに、それから逃れようとあがいてクヨクヨする。だから、それが「苦」になるのです。良寛さんは「災難に逢う時節には災難に逢うがよく候」と教えています。ですから、「病気のときは病気をするもまたよし」と、そのありのままを素直に引き受ければいいのです。そうすると、病気も「苦」ではなくなります。「苦」でなくなれば、「病は気から」で、スーッと治ってしまうこともあるのです。

次に、「五欲財利《ごよくざいり》を以《もっ》ての故《ゆえ》に、種種《しゅじゅ》の苦《く》を受《う》く」とあります。これも非常に大事なポイントです。「私は会社のため、家族のために働いているのだ」という人も、その根底には自分の「五欲」（財欲・色欲・食欲・名誉欲・睡眠欲）が働いていることを否定できないはずです。とくに財利の欲は、尽きることなく深いのではないでしょうか。

しかし、「その欲から離れよ」といっても、在家の私たちには無理な注文です。冒頭にあげたお経文の直前に、「深《ふか》く世《せ》楽《らく》に著《じゃく》して　慧《え》心《しん》あることなし」

と戒めてあるように、深く執着しなければいいのです。「世楽」にかじりつかなければいいのです。かじりつくから、そこに欲求不満やストレスが生まれるのです。

こういってはなんですが、私は今日まで、「何ごともクヨクヨしない」「何ごとも執着しない」「何ごともおまかせする」といった考え方を大切にしてきました。そんな私に、副会長の長沼妙佼先生は、ご自分が亡くなってからの会の行く末まで案じられて、「会長先生みたいにお人好しで、楽観的な考え方ばかりしていると、きっと人にだまされて、ひどい目に遭《あ》いますよ」と、心配していました。それでも私は、「楽観主義、大いに結構。すべて仏さまにおまかせしている」という信念があったのです。

道元禅師も「仏道をならふといふは、自己をならふなり。自己をならふといふは、自己をわするるなり。自己をわするるといふは、万法に証せらるるなり」と説いています。

自分という殻を脱ぎ捨ててみると、万法（すべての働き）に自分が生かされていることがまざまざとわかる、というのです。自分が生かされていることの不思議を悟るのです。そのうえで、仏さまにおまかせする気持ちになれば、もう、しめたものです。

菩薩の乗り物で「火宅」を出る

仏さまにおまかせすれば、そこに心の余裕が生じます。佼成会の教会道場に来て、説法を聞いて、ついでに庭の草むしりをしたりするうちに、ノイローゼが治った人もいます。一見、なんの役にも立たないような草むしりが、心のゆとりを生んだのでしょう。

現代人は合理的な考えばかりを追求するため、心が疲れきってしまうのです。たまにはなんの利益もないところに自分を置くのも、精神衛生のうえで大切なことです。そこに心の「遊び」、心の「間」といったものが生まれるのです。のべつ幕無しにしゃべる人の話は、頭に入らないばかりか、聞いていて身心ともに疲れます。適当な「間」を置いて、ゆっくり話す語り口であれば、楽に聞けます。

機械でもそうでしょう。すべての機械の連動部分は、ピッタリとすき間なく密着してはいません。いくらか動く余地、つまり「遊び」があります。この「遊び」がなかったら、連動部分はたちまち過熱して、焼ききれてしまいます。自動車のハンドルにも二、三センチの「遊び」があります。あれがなかったら、ハンドルが過度に働いて、車は安定を失ってしまうのです。人体という精密機械においても、さらに精密な「心」の世界においても、この「遊び」が必要なのです。

では、人間における「遊び」とは何か。たとえば、スポーツもいいでしょう。趣味もいいでしょう。利害関係のない友だちと、よもやま話をするのもいいでしょう。とにかく、いっさいの利害から離れたひとときを生活のなかに組みこむのです。それが「遊び」になります。その「遊び」こそが即座に効く特効薬だといっていいでしょう。

最後に、最も理想的な方法をお話ししておきましょう。

それは、「譬諭品」の「三車火宅《さんしゃかたく》のたとえ」で教えているように、羊車《ようしゃ》・鹿《ろく》車《しゃ》・牛車《ごしゃ》を求めて「火宅」の門の外に走り出ることです。

「羊車」というのは「声聞《しょうもん》」のための乗り物です。仏の教えを聞いて、自分を高めようとする人のための教えです。「鹿車」というのは「縁覚《えんがく》」のための乗り物です。仏の教えを思索し、自分で悟りを得ようとする人のための教えです。「牛車」というのは、自分一人が悟りの喜びを味わって生きるだけでなく、多くの人をその境地に導こうとする「菩薩」の乗り物で、自他ともに最高の悟りを目ざす人のための教えです。そして、こういう人たちこそ、自ら「火宅」の外に出ることができる、と教えているのです。

先に「間」と「遊び」が身心に効く特効薬と表現しましたが、それは一時抑えの痛み止めで、現代病を根底から断つには、法華経のこの教えに随うほかはないのです。

このお経文のすぐあとに、「唯我一人《ただわれいちにん》のみ　能《よ》く救護《くご》を為《な》す」とあるのも、私たちが早く「火宅」の門から出るよう、仏さまが慈悲の手をさしのべてくださっているということではないでしょうか。

無価の宝珠を授かっている

衣裏繋珠のたとえ

法華経には、すべての人が「仏性」を授かっていることを教えるたとえ話が、いくつも出てきます。その一つに「五百弟子受記品《ごひゃくでしじゅきほん》」の「衣裏繋珠《えりけいじゅ》のたとえ」があります。大筋はこういう話です。

一人の男が親友の家を訪ねました。親友は酒さかなを出して手厚くもてなし、男はすっかり酔って寝入ってしまいました。そのあいだに、親友は急に公用で出かけなければならなくなります。眠りこんでいる友人を起こすのも気の毒に思い、無価《むげ》の宝珠《ほうじゅ》（はかり知れないほどの値打ちのある宝珠）を友人の衣の裏に縫いつけて出かけました。

目をさました男は、親友が仕事で出かけたと聞いて、仕方なくその家を立ち去り、諸国を放浪しながら衣食《えじき》のために苦労を続けて、わずかでも収入があれば、それでほっとするありさまでした。

ずいぶんたってからのことです。その男が、あのときの親友に道でばったり出会いました。親友は、あいも変わらぬ友の哀れな姿を見て、「なんという愚かなことだ。私は、君が安楽に暮らせるようにと思って、あの日、衣の裏に高価な宝珠を縫いつけておいたのに」というのです。そのとき初めて、男は自分が尊い宝をもっている身であることに気づいたのです。

この「衣裏繋珠のたとえ」は、現代の私たちの心や生き方を暗示しているように思えます。身近なことでいえば、私たちはほんとうの宝を求めることを忘れて、物質的な富の欲求にあくせくしています。また、他人の悩み苦しみには無関心をよそおい、心貧しくさまよっているように思えます。

ところで、衣の裏に縫いつけられた「無価の宝珠」というのは、ほかでもありません。私たちが本来もっている「仏性」のことです。私たちは生まれながらに、「仏性」という何ものにも代えがたい宝を授かっているのに、それに気づかずにいるのです。気づきさえすれば、一瞬にして心が変わります。人間が変わるのです。つまり、私たちはだれでも、仏さまと同じ心をもてるように生まれついているのです。

人間には迷いに満ちた凡夫の心もありますが、それと同時に、仏さまのように澄んだ心ももっています。ですから、人にほめられるようなことをしたり、人のために役立つことができたりしたときには、とてもいい気持ちになります。それが、私たちの本性だからです。

反対にずるいことをしたときは、あと味が悪いものです。自分が得をしたいと思うとき、ごまかす気持ちが頭をもたげることもありますが、本来はいつも正しい生き方をしていたいのです。そこが救いなのです。その「ずるいことはしたくない」という心が、宝なのです。

ところが、その仏さまの心、「仏性」を授かっていることに気づかず、自分の欲の心を本心だと思うと、心が窮屈になります。いま、多くの人が余分な苦労を背負いこんであくせくしているのも、そこからきているのです。

法を信じ、人を無条件で信じられたら

お釈迦さまが托鉢《たくはつ》の際に、一人の農民に出会われたときの話です。お釈迦さまはその農民に、「田を耕すのを一年怠ると、雑草がはびこって田が涸《か》れ、もとのいい田にもどすのに七年かかる。田は、怠りなく耕さなくてはいけない」と諭されたという話があります。

これは、「自分の心をよく耕しなさい」ということでしょう。絶えず心を耕していないと、心に「我欲」や「我見」といった雑草がはびこり、やがて、心がガサガサに涸れていくということです。

山国などに行きますと、段々畑に小さな田がたくさんあります。その小さな田に満々と水が張ってあって、夜になると、どの田にもお月さまが映ります。たいへん感動的な光景です。仏さまと私たちの関係も同じで、本来、一人ひとりの心に仏さまの光が映るようになっているのです。ところが、その心の田に雑草がはびこり、ついに涸れてしまったら、仏さまの光は映りません。

つまり、「おれが、おれが」という自分中心の気持ちや、「損か、得か」という目先の計算にとらわれる気持ちが強くなると、自分にそなわる「仏性」を見失ってしまうのです。

お釈迦さまは、「若《も》し法《ほう》を聞《き》くことあらん者《もの》は、一《ひと》りとして成仏《じょうぶつ》せずということなけん」（方便品）とお説きになっています。私たちはみんな、仏さまと同じようになれることを、保証してくださっているのです。

ただ、「法を聞いたら」とありますから、まず法華経の教えを聞くことが大事なのです。電気器具が、スイッチを入れないと働かないのと同じで、教えを聞いて、素直に信じて、実践していかないと、いい結果は得られません。

だれしも「人間はいいところをもっている」ということは、頭では理解できます。けれども、それを実感するのは、なかなかむずかしいものです。「いいところがある」と思っても、まわりの人間を見ると、ついつい「どうも、あいつは」と、自分の気に入らない面ばかり目につくものです。それで、「うかつに人を信じたら損をする」という気持ちになって、「仏性をもった仏の子である」というように見ることができなくなるのです。

こうなりますと、人生はまっ暗闇で、「信じられるものは何一つない」というようなことになります。つまり、「衣裏繋珠のたとえ」に登場する男のように、むなしく諸国をさすらうわけです。

そこで大事なのは、「私たちは自分一人では生きていけない」ということ、つまり「諸法無我」の真理です。「無我」というと「我《が》」を捨てることのように思いがちですが、そうではなくて、「人間は自分一人では生きていけないものである」ということです。「人間」というのは、字のとおり、「人と人の間」に住むものです。みんな、人間と人間でつながっているのです。みんな「仏さまの子」として、お互いにもちつもたれつの関係に生まれているのです。

それが胸の奥に落ちると、「大安心《だいあんじん》」でまわりの人たちを無条件に信じることができます。そして、不思議なことに、まわりで起きてくることがすべてい い結果となって、すべてのものが自分を守ってくれているように思えてきます。

「みなさんのお陰さまで、自分がある」ということがわかると、「親の恩がありがたい」「社会の恩がありがたい」という心持ちになるのです。

仏性の輝きで世を照らす

次に大切なのは、その「仏性」を磨きあげ、育てあげる行ないです。まわりの人に親切にしたり、社会のために奉仕したり、他国の困っている人たちに布施《ふせ》をしたりする。そういう行ないをしたときは、なんともいえずいい気持ちになります。その快さは、じつは「仏性」が喜んでいるのです。自分の本性である、仏さまの心が喜んでいるのです。

よい行ないをしたときの快さは、じんわりと心の奥にしみこみます。自分では意識しなくても、確実にその人の生き方や人格を向上させていきます。別の言葉でいえば、「仏性」を育てあげ、磨きあげるのです。そして、さらに積極的に、世のため、人のために尽くす生き方に徹すれば、その快さはいよいよ倍加します。私は、その喜びこそ、仏さまの心に近づくことであると思います。

繰り返しますが、人さまを幸せにすれば、必ず心が豊かになり、ものごとの受けとり方が変わってきます。人さまを幸せにしてあげることを常に心がけていると、それが習慣となり、日常の一挙一動がそういう方向に動くようになります。

「情けは人のためならず。めぐりめぐってわが身のため」というとおりで、人に親切ができれば、自分に功徳が返ってきます。結局は自分のためになることですから、そうなると、一生懸命に人のために尽くせるわけです。それが自分自身の幸福となることに、間違いありません。そういう考え方、そういう行ないは、私たちにとって最も大切なことではないかと思います。

仏さまは、網を大きく大きく張っておられるのです。ある人だけを一本釣りして幸せにするのではなくて、どんな人間も漏らさないように、大きな網をかけて、私たちを見守ってくださっているのです。

「衣裏繋珠のたとえ」は、自分の「仏性」に気づくことの大切さを教えていますが、その尊い宝を「我見」や「我欲」でおおっているのが今日の私たちです。人さまに尽くす行為によって、その「仏性」を磨きあげていけば、すばらしい輝きを発して、世を照らす光となるでしょう。お互いさま、仏さまのこの尊い授かりものを、大切のうえにも大切にしていきたいものです。

仏さまの子として生きる

みんな「仏の子」なのに

法華経の「譬諭品」に、非常にありがたいお釈迦さまのお言葉があります。

「今此《いまこ》の三界《さんがい》は　皆是《みなこ》れ我《わ》が有《う》なり　其《そ》の中《なか》の衆生《しゅじょう》は　悉《ことごと》く是《こ》れ吾《わ》が子《こ》なり」

仏さまは、私たちすべてを「みんな私の子ですよ」と見てくださっているのです。ですから、その大慈大悲を素直にありがたく受けとめて、「仏さまの子として、ふさわしい生き方をしよう」と努力すればいいのですが、なかには「自分は仏さまの子だ」と思えない人も少なくないようです。

それは、私たちが自分中心の見方にとらわれているためです。人間はだれしも、自分は正しい見方、正しい考え方、正しい生き方をしていると思っています。そのため、自分から見て不都合なことがあれば不満に思い、意見が合わないときは相手を責め、自分より幸せそうな人と比べて、わが身の不運をかこちます。

そういう見方や受けとめ方をしているかぎり、不足・不満の思いが次々に湧いてきて、見るもの聞くこと、すべてが悩みの種になってしまうのです。それでは心の安らぎが得られず、「生かされている」という感謝も湧いてこないでしょう。

もちろん、自分の小さな「我」を離れて、まわりの人間関係まで広く目をくばって、ものごとを大きな視野でとらえる人たちもいます。そういう広い視野と深い洞察の究極が、先ほどの「みんなわが子である」という仏さまのお言葉なのです。

私たちはみんな、仏さまの子どもなのです。あの人もこの人も、自分と意見の合う人も合わない人も、仏さまの教えに目ざめた人も、まだ目ざめていない人も、仏さまの眼から見ると、みな等しく「仏の子」であって、「みんなを救ってあげたい」と思ってくださっているのです。

それが、「而《しか》も今此《いまこ》の処《ところ》は　諸《もろもろ》の患難《げんなん》多《おお》し　唯我一人《ただわれいちにん》のみ　能《よ》く救護《くご》を為《な》す」とのお言葉です。これは、「この世界はさまざまな苦難があるけれども、私がいつも見守って、救ってあげるから、心配しないでいいよ」ということです。

いつも仏にかかえられている

若い人たちのなかには、何かに失敗したりすると「どうせ、おれなんて」といった気持ちにおちいり、もてる力を十分に発揮できない人も多いようです。若い人というのは人間的に未完成なだけに、そういう悩みに強くとらわれるのでしょう。

でも、そんなときは、「自分は未熟な人間だけれども、仏さまの眼からご覧になると『みんな私の子である』と抱きかかえてくださっているのだ」と思い直してみてほしいと思います。きっと、明るい、「よし！」という勇気が湧いてくるはずです。

若い人たちだけではありません。いくつになっても、日常生活のなかで思いがけない苦しみに直面して、挫折感や絶望感に沈むこともあります。そんなとき、こり固まった自分の思いをいったん捨てて、「この苦難は、自分に何を教えているのだろう」と考えてみるといいでしょう。

病苦であれ、経済的苦であれ、「苦」に直面しているときは、「いっそ死んでしまいたい」とまで思うものですが、長い目で見ると、ほとんどの人がそうした「苦」を乗りきって生きているのです。しかも、その「苦」によって、一まわりも二まわりも人間的に成長していく場合が多いのです。

「諸の患難多し」というのですから、厄介な問題が次々に出てくるのが「人生の常」というものです。けれども、逆境にあって「なぜ自分ばかりこんなに苦しむのか」と、血を吐くような思いのときこそ、仏さまが「私が必ず救ってあげよう」と、手をさしのべてくださっているのです。その苦難こそ、ほんとうの救われを得るための、仏さまの「お手配」にほかならないのです。

ですから、仏さまを信じて、仏法の教えるとおりを行なって、「あとは仏さまにおまかせする」という気持ちになると、解決の道が楽々と開けてくるのです。

仏さまの見方に近づく

「道楽」という言葉がありますが、これは「道を楽しむ」という仏教語で、法華経の「薬草諭品」にも「道《どう》を以《もっ》て楽《らく》を受《う》け」とあります。道を行じていくところに喜びがある、ということです。

本格的な登山をする人を見ると、約五十キロもあるリュックサックを担いで、険しい山道を一歩一歩登っていきます。少し前かがみになって、あたりの風景を楽しむ余裕などないように見受けられます。岩登りをするときは、一本のザイルを頼りに、ほんのちょっとした手がかりや足がかりをつかんで登っていきます。命がけです。「なぜ、そんな苦労をするのか」と聞くと、「その苦労が楽しいのだ」というのです。そして、「頂上に達したときの喜びはなんともいえない」というのです。

私たちの人生も、それと同じだと思えばいいのではないでしょうか。

人生に「苦」はつきものです。けれども、仏さまの眼から見ると、それはただの苦労ではなく、「苦の克服を楽しめ」という「お手配」なのです。そう考えるとき、そこに一脈の希望と光明がさしてくるはずです。

仏さまの眼から見ると、私たちはみんな、その人なりの「お役」をもってこの世に生まれてきたのです。みんながそれぞれ自分の使命を果たしながら、もちつもたれつして、この世を成り立たせているのです。

そして、だれでも、自分の幸せを求めるだけでなく、まわりの人たちの幸せを願うようなきれいな心を授かっているのです。仏さまからご覧になると、みんながそういう気持ちを行動にあらわしていくとき、そこには「我《わ》が此《こ》の土《ど》は安穏《あんのん》にして　天人常《てんにんつね》に充満《じゅうまん》せり」（如来寿量品）とあるような「天人常充満《てんにんじょうじゅうまん》」の世界が生まれてくるというわけです。

そういう意味では、常に「世のため、人のために」という気持ちでものごとを見ていくことが、仏さまの見方に近づく第一歩といっていいでしょう。

仏さまに近づく感謝と懺悔

幸せへの早道が感謝

近ごろ私がつくづくと思うのは、この世でいちばん不幸な人は「感謝することを知らない人」だということです。そしてもう一つは、「懺悔《さんげ》する心のない人」です。

「明日は休みだから、野球を見に行こう」と楽しみにしていたところ、起きてみたら大雨だった。一人の人は「いまいましい雨だ」と舌打ちし、一日じゅう機嫌が悪かった。もう一人の人は「そうか。今日は家にいて、本でも読めということか」とサラリと受けとめて、かねてから読みたいと思っていた本にとりくんだ。どちらがものごとを感謝で受けとめる人か、そして、どちらが幸せな人かは、いうまでもないでしょう。

立正佼成会では、昔から「おはようございます」「こんにちは」という日常のあいさつの代わりに、「日々《にちにち》ありがとうございます」といってきました。これは「すべてのことを感謝で受けとめます」という気持ちの表明なのです。

もちろん、いいことずくめの人生などないでしょう。けれども、自分にとって不本意なことが生じるのも、「自分の心得違いを反省できるように」とお諭しくださる仏さまの「お手配なのだ」と見方を変えてみれば、自然に「ありがとうございます」と受けとめられるようになります。

ものごとを感謝で受けとめれば、そこに生じる喜びによって人生が明るく展開していきます。何ごとに対しても「ありがたい」と感謝の心を表に出していけば、次々に感謝できるような出会いがめぐってくるものです。

反対に、何かにつけて不満をいいたがる人は、何もかもがグチの種になり、自分で不足・不満を口にしているにもかかわらず、それがまるで押し寄せてくるように思えてしまうものなのです。

ものごとを「ありがたい」と素直に受けとることほど、幸せなことはありません。世界の国々の情勢を新聞やテレビで見ても、他国をうらやむだけの人もいれば、「日本に生まれてよかった」と感謝の心を起こす人、「自分がこうして生きているのは両親がいてのことだ、ご先祖さまがあってのことだ」とありがたく思える人、それに「自分が食べている米や野菜や魚、着ている服、部屋を明るくしてくれる電気、炊事を便利にしてくれているガス、それらはどこのだれかすらわからない大勢の人のお陰だ」と合掌する人とさまざまです。ただ、一ついえることは、そういうときに感謝の心を起こす人は、その感謝の思いで、自分自身をさらに幸せにしていくのです。

「ありがたい」を口ぐせに

「ありがたい、ありがたい」といって暮らす人がどんなに幸せかを示す、こんな話があります。

寛政のころ、備前の国（岡山県）に油屋与一兵衛という人がいて、この人は何かにつけて、「ああ、ありがたい」というのが口ぐせでした。朝起きて母親の顔を見ると「ああ、ありがたい」といい、妻の顔を見ても「ああ、ありがたい」というのです。村の人は「ありがた与一兵衛」とあだ名をつけていました。

あるとき、転んで膝をすりむいて血が出たときも、いつものように「ああ、ありがたい」というのです。一緒にいた村人が「けがをしたというのに、どうして、ありがたいのですか」と尋ねたところ、「このぐらいのかすり傷ですんだのは、ありがたいことじゃないですか」と答えたそうです。

人生には山もあり、谷もあります。自分にプラスになることもあれば、マイナスになることも起こります。そのなかには、自分の力ではどうすることもできない不都合もあるでしょう。

原安三郎さんといえば、財界の大御所として大正・昭和の二代にわたって大きな足跡を残した人です。その原さんは、三歳のときの病気がもとで左足と右腕に障害が残りました。旧制中学では体操の授業に出られなかったため、退学させられそうになったこともあり、社会に出てからも苦難を味わうことが多かったそうです。それでも、「頭と努力で世の中に役立つ人間になろう」と発奮して、人よりも早く起き、人よりも多く働いて、ついには財界の重鎮といわれるまでになりました。その後半生においては、「体の障害が自分を押し上げてくれたのだ」と、むしろそれをありがたく思っていたといいます。

いずれにしても、何かにつけて感謝の心を起こせば、それだけ心がきれいになります。ほのぼのと、あたたかくなります。そして、生きることが楽しくなります。ですから少し無理をしてでも、ものごとを善意に受けとり、日ごろから「ありがたい」と感じる心の習慣をつくることが大切なのです。

また、まわりに起こるものごとに感謝する心をもてば、それを言葉に、態度に、そして行動にあらわさずにはいられなくなります。それが、自分だけでなく、まわりの人びとの心を明るくし、楽しくするのです。

ある新聞配達少年の作文を読んだことがあります。中学一年生が書いて、総理大臣賞を受けたものです。「新聞を配達していて、顔を合わせた人が『ご苦労さん』とか『暑いところをたいへんじゃのう』といった言葉をかけてくれると、『ああ、新聞配達をしていてよかったなあ』とつくづく思います」といった内容でした。なんでもないような一瞬のふれあいですが、大事なことだと感動したおぼえがあります。

自信と勇気を呼び覚ます懺悔

もう一つ、心をきれいにするために忘れてはならないことがあります。それは「懺悔」です。私たちは、言動のうえでつい過ちを犯しがちです。そのとき、それをごまかしたり隠したりすると心に暗い影がさし、そのまま放っておくと、その暗い影はいつまでも心の隅に居残ってしまいます。そこで「懺悔」ということが大事なのです。

「悪かった」と相手に詫《わ》びることもあるでしょうし、信頼する先輩や仲間にそのことを告白することもあるでしょう。また、神仏に「これからは絶対につつしみます」と誓うこともあるでしょう。そうすることによって、心の隅の暗い影はさっぱりと拭い去られるのです。

私たちが過ちや罪を犯したときに、「ああ、悪かった」と感じるのは、良心があるからです。仏教的にいえば、「仏性」があるからです。人間はつい我欲で行動しますが、仏さまの子として「仏性」を授かっているため、自分のよくない行動に胸がチクチクと痛むわけです。この苦痛がなければ、人間の人間らしさは崩壊してしまうでしょう。そして、一人ひとりの人間らしさが崩壊すれば、それが相乗されて社会も崩壊していきます。じつに、私たちの人間としての存在を支えているのは、この良心の痛みにほかなりません。

ですから、この心の苦痛を避けて通るのではなく、その苦痛と正直に向き合い、「懺悔」によって苦痛を乗り越えてこそ人間の向上があるのです。

ところで、仏教では「懺悔」をどう説いているのでしょうか。

もちろん、ふつうにいう「罪の告白」ということも重視しました。しかし、「懺悔経《さんげきょう》」という別名もある「仏説観普賢菩薩行法経《ぶっせつかんふげんぼさつぎょうぼうきょう》」には、決定的ともいうべき次の一偈が説かれているのです。

「若《も》し懺悔《さんげ》せんと欲《ほっ》せば　端坐《たんざ》して実相《じっそう》を思《おも》え　衆罪《しゅざい》は霜露《そうろ》の如《ごと》し　慧日《えにち》能《よ》く消除《しょうじょ》す」

この「実相」というのは「すべてのものごとのありのままの相《すがた》」ということですが、もう一歩進めていうと「人間の本質は本仏と同質の仏性であり、大いなるいのちと同質である」ということです。必ず仏になれるということです。

そのように尊い存在なのに罪を犯すのは、「自分の肉体だけが自分であるという、妄想からである」と悟る。これこそが、最高の「懺悔」だというのです。「懺悔」といえば、ともすれば消極的なイメージを描きがちですが、ほんとうの「懺悔」は、自分の本質が「仏性」であり、大いなるいのちと一体の自分であることを自覚することで人生に対する自信と勇気を奮い起こす、積極的なものなのです。

しかも、佼成会では大勢のサンガの前で素直に自分の間違ったものの見方や行動を「懺悔」し、心の垢《あか》を洗い流します。そうして心の底からの真の「懺悔」ができれば、すべての罪や過ちは、朝日の前の霜や露のように消え去って、そこに感謝がふつふつと湧いてくるのです。それは、サンガとともどもに「仏性」をかみしめ、一人の「懺悔」をとおしてみんなが感謝に目ざめるということでもあります。

みなさんが、すべてのことに「感謝」する心と、「仏性」という自分の本質を自覚する「懺悔」によって、仏さまのように一日一日を楽しく、明るく過ごされるよう願ってやみません。

第三章

仲間（サンガ）と歩めば

心の土台を育む家族に

親が身をもって示す

人それぞれに個性があるように、家庭にも個性があります。それは、一家の大黒柱である父親や母親の個性が基盤となるものでしょう。それが幼年期、少年期の子どもたちに、一生を通じての大きな影響を与えるのです。

私の生家は農家で、私は子どものころから農作業の手伝いをしていました。朝は、飼っていた馬や牛のために早起きして草刈りをしたものです。養蚕《ようさん》は大事な現金収入の道でしたから、蚕《かいこ》の餌《えさ》にする桑の葉を摘む作業も手伝いました。

私は体が大きかったので、ほかの子よりも早くから、馬の鼻とり（誘導）をして田の代《しろ》かき（田植えの準備）をしました。毎年、代かきのころになると足の爪がすり減ったほどです。

父は、私たち子どもの使い方、教え方がじつに上手でした。自分で仕事をしたほうが早いのですが、それでは子どもがおぼえないと考えて、辛抱強く、小さな子どもにも少しずつ仕事をおぼえさせたものです。子どもではうまくできないところや骨の折れるところは、父がさりげなく始末するのですが、生活の全般にわたってそうした教え方をしてくれました。

父は、田畑で精いっぱい働くことを私たちに教え、家族の和の中心になって、誠実ひとすじの生き方を私の心に刻みつけてくれました。

また、母は物腰の柔らかい人で、病弱だったにもかかわらず朝は人より早く起き、夜はいちばん遅く寝るのです。寸暇を惜しんで働き続け、少しでも手があくと麻糸を紡いで、越後上布という反物を織っていました。そして、夜はいろり端で、私たちの着物の繕いをしてくれました。母は、ものに感謝し、ものを大切に生かすことを無言のうちに教えてくれたのです。

生活のなかで神仏を拝む

親が何気なく身で行なう行動、口に出す言葉、それらが子どもを導くのです。大切なのは、「やらせること、やってみせること」です。そして、さらに大事なのは、「人さまの役に立てる人間に育ってほしい」という願いをもつことです。

両親が信仰心をもって神仏に手を合わせ、人には親切にして、困った人を助けることが自分を幸せにするいちばんの早道であることを、子どもに身をもって示すことです。

人のために尽くすと、なんともいえない、いい気持ちになります。人さまに喜んでもらえるのがうれしくて、もっと人さまのために尽くしたくなります。その喜びを親が子どもに伝えて、ともに味わうのです。

以前、ある人に聞いた話ですが、美しい声で鳴くカジカを山の渓流から捕らえてきて、自分の家の庭で飼っても、近くの池で鳴くカエルの声になじんで以前の声を忘れ、すっかりカエルの声になってしまうそうです。
「学ぶ」とは、「真似る」からきているといわれます。子どもは、毎日の生活のなかで神仏を拝み、善い行ないを繰り返し実践していく親の姿を自然に真似ていくものです。そして、私たちはみんな、仏さまにいつも見守られているのだという、人間としていちばん大事なことを学んで、心に刻みつけていくのです。

一生を支える柱を家庭で

私の祖父が、口ぐせのように私に話してくれていたことがあります。それは、「家族のうちでだれか一人ぐらいは、世の中の役に立つ人間にならなくちゃいかん」ということでした。この言葉が幼い私の脳裏に深くしみこんで、いつのまにか、世界の平和のため、人さまの幸せのために働かせてもらう身となったように思います。

家庭は、最も小さな社会といえます。家庭のなかで家族は支え合い、助け合い、さまざまなことを学び合っていきます。なごやかな心の交流があり、相手を思いやる心を知って、助け合う尊さを学んでいきます。朝のあいさつや、呼ばれたら「はい」と返事をするなど、生活のリズムを整えるのも、親が子どもに手本を示すことによっておのずと習慣づけられるのです。

私の性格を、ある人は「素直」とか「明るい」といいますし、一方、「お人《ひと》好《よ》しで、のんきだ」という人もいます。まさにそのとおりですが、とくに私は、人と争うのが嫌いなのです。「和」とか「調和」ということは、仏教の理念として感得する前から、一つの情緒として私の心に住みついていたものです。

これらは、父母を初めとする家庭がつくりあげてくれたものであって、そのことは何よりもありがたいと感謝しているのです。

家庭というサンガの役割

親と子の信頼感

人間と人間の結びつきの原点は親と子の関係であり、親が子を慈愛し、子が親を慕うのはごく自然のことです。

親と子の信頼の深さを物語る、次のような話があります。

信州（長野県）の山のなかで、東京から来た数人の学生が植物採集をしていて、切り立った崖の少し下に、めずらしい花を見つけました。採集したいのですが、そこまで降りていくことができません。大正時代のことで、学生たちは絣《かすり》の着物にへこ帯をしめていました。その帯を解いて結び合わせ、それにすがって降りようと試みたのですが、帯が細くて大人の体重を支えきれそうにありません。

そこにたまたま、十二、三歳の身軽そうな少年が通りかかりました。学生たちは「五十銭銀貨を一枚あげるから、この帯であそこまで降りてくれないか。こっちの端は、ぼくらがみんなで、しっかりつかまえているから」と頼みました。

少年は「いやだ」と断ります。銀貨を二枚あげるといっても、首を横にふります。「では、どうしたらやってくれるのか」と聞くと、少年はこう答えたのです。「うちのお父が帯をつかまえていてくれるなら、やってもいい」。

これが、ほんとうの父と子の信頼関係です。「お父が帯をつかまえていてくれるなら」という父親に対する信頼は、何ものにもまさるものです。いつも精いっぱいの愛情をそそいでくれる親に対して、子どもは絶対の信頼を寄せているのです。これは、仏さまに対する私たちの思いと同じだと思います。

子どもは神仏からの授かりもの

日本の未来を支えるのは、子どもたちです。その子どもたちを教育し、世の中に役立つ人材に育てるのが親の役目です。

それにはまず、子どもに「学ぶ心」を起こさせることです。そのためには、親が自ら学んで見せ、子どもに手本を見せることです。コツコツと本を読んだり、何かを調べたり、作ったり、そうしたことを根気よく続けるのです。一つのことを極めるのです。そうした親の姿が、子どもの意識のなかにしみつき、いつかそれが芽を吹くのです。その努力は親自身を向上させるだけでなく、子どもに対する真の教育となるのです。

ある人から聞いたアメリカでの体験話ですが、アメリカ人の子どもが日本人の子どもを罵り、侮辱しているところに、一人の女性が通りかかりました。その女性は、これは聞き捨てならないと思い、「なぜ侮辱するのか」と、アメリカ人の子どもを叱ったそうです。

それを見て近寄ってきた母親に対しても、「あなたの子は、この子を侮辱した」と叱ったそうです。それを聞いた母親は、わが子を叱ってくれたことに心から感謝し、家に帰って子どもに非を言い聞かせ、反省させたというのです。

私がこの話を聞いて思ったのは、それが他人の子であっても、悪いことはやめさせようとしたことのすばらしさと、わが子が見知らぬ人から叱られてもそのことに感謝し、子どもが反省できるように諭した母親のりっぱさです。

子どもは神仏からの授かりものです。子どものもって生まれた天分を引き出し、自分のためにに努力するだけではなく、まわりの人を一人でも二人でも幸せにしてあげられるような子どもを育てあげることが、親の誇りになるのです。親として、社会の役に立つような子どもを育てること以上の喜びはありません。子どもの教育に関心をもち、子どものもち味をまっすぐに育てる努力をする。仏さまから授かった子を、仏さまの教えを守る子に育てあげていく。それが仏さまのお心に適《かな》った親心です。

親の役を果たす

一家の父、母として、子どもをりっぱに育てていくには、子どもの状態をよく見とおさなければなりません。この子の体にはなんの栄養が不足しているか、この子の心は何を求めているか、そういう声を聞き分けて、それに応じた食事を調え、あるいはしつけをし、あるいは相談相手になることが大事です。子どもの体や心が欲しているものに応じて、それにふさわしい方法で導くことが、父親、そして母親の役割です。

そして、「お父さん、お母さんは助け合って、一生懸命に生きている」ということを子どもに示していくことです。

私の生家は新潟県の菅沼にある農家でしたが、両親は朝から晩まで農作業に精を出し、働きづめでした。私はその姿を見て、子ども心にも、親というものがいかに苦労をしているかをしみじみ考えさせられ、「親孝行をしなければいけない」と心に思ったものです。

子どもは、自分のいいなりになる親を、けっして尊敬しないものです。父として、母として、一人の人間として、自らの役割を真剣に果たして生きることが、子どもにとって最も大切な家庭教育なのです。

感謝の言葉が心をつなぐ

感謝は明るい人をつくる

昔から、日本人は礼儀正しい国民であるといわれてきました。ところが戦後、経済の急速な発展があってから、それと裏腹の風潮になってきたようです。とりわけ目立つのは、感謝の気持ちを言葉に表わすことが少なくなったことです。「ありがとう」のひとことを、なかなかいおうとしないのです。

日本人は、平均的に見て温和で、知識も豊かで、平和的な国民であると誇っていいのですが、この点ばかりは、欧米の人たちに学ぶべきところが多いといっていいでしょう。

欧米での買い物風景などを見て感心するのは、店員さんが「サンキュー、べリマッチ」というと、お客さんも必ず「サンキュー」と返すことです。日本ではどうでしょうか。欧米のお客さんが「お世話をかけてありがとう」という意味でサンキューをいうのと同じように、「どうも」くらいはお返ししたいものです。

ともあれ、感謝の気持ちほど快いものはありません。心をあたため、明るくしてくれます。そして、感謝の気持ちを言葉に出せば、その快さはますますふくらみます。さらに、小さなことでも「ありがたい」と思うことが習慣になれば、その習慣は性質と同じようになって、あたたかく、明るくて、味のある人柄をつくりあげていくのです。

もちろん、感謝の言葉を聞けば、だれしも楽しさは倍になります。「してあげてよかったな」という思いがつのります。こうして感謝の気持ちを言葉に表わすことで、感謝する人・される人の双方が、ともに心が楽しくなり、それだけ世の中が明るくなるのです。

人に感銘を与える言葉

感謝の言葉というのは、人を介して耳にする場合に、いっそう大きな感銘をもたらすことが多いものです。

昔の逸話ですが、豊臣秀吉が徳川家康に秘蔵の品をいろいろと見せながら、こういったそうです。

「わしは、天下の宝という宝を、ほとんど手に入れた。粟田口吉光《あわたぐちよしみつ》の名刀もそうだ。まだ、いくらでもあるぞ。家康殿の秘蔵の品とは、どのようなものでござるかな」

家康は、笑って答えました。

「いやいや。私にはそのようなものはございません。私の宝と申すのは、私のためならどんな苦難にも耐え、自分の命を投げ出す覚悟の侍たち五百騎でございましょう。この五百騎がいるかぎり、私にはそのような宝は無用です」

この言葉を伝え聞いた家臣たちは、どれほど感激したことでしょう。自分たちのことを、主君が「かけがえのない宝である」と誇りにし、感謝の気持ちを抱いておられるのを知って、「主君のためなら、ほんとうに命を投げ出してもいい」という気持ちになったといいます。

道元禅師《どうげんぜんじ》が「むかはずして（向き合ってではなく）愛語をきくは、肝に銘じ、魂に銘ず」と説いたのと一致する話です。

とにかく、感謝の言葉というものは、相手がそこにいてもいなくても、人に大きな感銘を与えるものなのです。

あたたかな地域社会も「ありがとう」から

ところで、ほんとうは感謝すべき状態にあるのに、心が何かにとらわれていると、それに気づけない場合もあります。

立正佼成会の法座で、「……させてもらってありがたいわね」といった指導がよく聞かれます。そういう指導を受けると、ふだん「ありがたい」と思っていないことの一つ一つに対して、「なるほど、これをありがたいと受けとめることが大事なのか」とわかってくるのです。

そう考えますと、「感謝の言葉」というものは非常に奥が深く、人と人とをつなぎ、目ざめをうながす力をもっていることがわかるでしょう。

佼成会では昔から、「おはようございます」「こんにちは」といったあいさつの代わりに、「日々《にちにち》ありがとうございます」という言葉を使ってきました。それは、「一日一日の出会いは、どれもありがたい出会いである」という意味をこめてのことでした。また「仏さまに生かされて、私たちがある。これほどありがたいことはない」という気持ちでもありました。

何ごとにつけ、感謝の気持ちで受けとめていると、うれしいこと、幸せなことが、向こうから自然に押し寄せてくるものです。ですから、「一日の出会いを、感謝に満ちた出会いにしたい」「私も相手の方も、ともに幸せになるような出会いにしたい」と念じての「日々ありがとうございます」だったのです。

家庭をきりもりする主婦の立場で教会の「お役」をされている会員さん方も、そうして教会に毎日通えるのはご主人の理解があってのことですが、そのことについてご主人に「ありがとうございます」と、口に出しておっしゃっているでしょうか。そのひとことで、ご主人は、奥さんが正しい信仰をもち、その信仰の「お役」を果たすことで家族の平和も保たれているということがわかり、ますます信仰に対する理解を深めてくださることでしょう。まず、気づいたほうから感謝の言葉を口にすることで、家族が明るく、あたたかくなっていくのです。

もちろん、家庭のことだけではありません。まわりの人たちに一つでも多く感謝の言葉をかけて、その人がまた感謝の気持ちを新たにすることで、社会全体が明るく、あたたかくなっていくのです。

私たちがふれあう人というのは、結局のところ、「ともに仏になろう」という人たち——いわばサンガ（同信の仲間）なのですから、お互いにもっと感謝の気持ちを言葉に表わしていきたいものです。そして、それがどれほど世の中をすがすがしくするものか、味わっていただきたいと思います。

「普門」の心で豊かな地域社会を

自分が観音さまになる

四月二十八日は「普門《ふもん》の日」（平成五年当時）です。立正佼成会が普《あまね》く社会に門戸を開いていることを再確認する日ですが、それも、会員のみなさん一人ひとりが、ふれあう人に心を開いて、広く受け入れることから始まるのです。その積み重なりが社会的に広がって「普門示現」となるのです。

「普門の日」は、法華経《ほけきょう》の「観世音菩薩普門品《かんぜおんぼさつふもんぽん》」に基づくものですが、この品には、観世音菩薩《かんぜおんぼさつ》は三十三身を現じて法を説き、人びとを救うと説かれています。ここのところが大事なのです。

二宮金次郎（後の尊徳翁）が十四歳のとき、小田原の飯泉観音《いいずみかんのん》で旅の僧が読《どく》誦《じゅ》している「普門品」を聞いて、「このお経の教えは、私も観音さまになりなさい、ということなんですね」といって、旅の僧を感嘆させた話は有名です。

観世音菩薩は、その名のとおり、世の中のすべての音を観ずる菩薩さまです。「観」というのは、ものごとをしっかりと観察し、そこにある真実を見極めることです。「世音」というのは、世の中の音と響きです。なかでも大切なのは、人びとの声です。それも、口に出した言葉だけでなく、声なき声、つまり口には出せない胸中の切なる思いもそのなかに入ります。

私たち信仰者は「まわりの人たちを幸せにしてあげたい」と願っていますが、そのためには自分自身が観世音菩薩のようになって、ふれあう人たちの切なる声を、あたたかい心で聞いてあげることが大事なのです。

寛容にしておだやかに

私たちは、人の話や行ないを見聞きするとき、ときとして批判の目で見がちです。そうなると相手も心を閉ざすばかりで、こちらの胸に飛びこんできてはくれません。それでは、救いは成就しないのです。

私の長い経験からすれば、悩み苦しんでいる人をあたたかい心で受け入れると、その人は心を開いて、思いのたけをすっかり話してくれます。そして、それだけで救われてしまう人が多いのです。心にわだかまっていたストレスが解消するためでしょう。

相手を広く受け入れる秘訣《ひけつ》は、何よりもなごやかな顔が第一です。仏教では「和顔愛語《わげんあいご》」ということを大切にしていますが、その「和顔」です。いつもにこやかな顔で接していると、相手は心を許して、何もかも話してしまいたくなるものです。

そして、それがどんな話であろうと、批判する気持ちを起こさず、広い気持ちで聞いてあげることが大切です。そうすれば、その人を幸せにしてあげる手立てが、おのずから胸中に湧いてくるものです。

仏教では、そういう態度を「摂受《しょうじゅ》」といいます。「摂受」というのは、心を寛大にして相手の間違いを否定せずに受け入れ、おだやかに説得することです。それと正反対なのが「折伏《しゃくぶく》」です。「折伏」は、相手の間違いを厳しい言葉で打ちくだいて、迷いをさまさせる教化の方法です。けれども、仏教そのものが寛容な性格の宗教ですから、「摂受」のほうが主であって、まずは「摂受」を心がけるのが常道《じょうどう》といっていいでしょう。

このように、広い心で受け入れてもらった人は、その人も自然に広い心をもつようになるもので、そうした人間関係の広がりは無限の展開性をもっています。

私自身にも、大きな体験があります。私が「宗教協力こそ神仏の願いである」という確信をもったのは、カトリック教会の「第二バチカン公会議」の開会式に出席したときでした。

時のローマ教皇パウロ六世聖下も「世界の平和のためには、宗教間の対話が必要である」と、強く訴えておられました。私は「教皇さまも同じお考えだ」と意を強くし、「これからはキリスト教の人たちを無条件で信じて、互いに力を合わせていこう」と、決意を新たにしたのです。

それにしても、それまで「カトリックは排他的な宗教だ」と公言していた私の参加をお許しくださるとは、パウロ六世教皇のなんという心の広さでしょう。

その心の広さが、「宗教協力」への私の情熱をかきたて、「世界宗教者平和会議」の創設へと実を結んでいったのです。

まず受け入れる

日常の小さなふれあいでも、こういう広い心が大切です。

西郷隆盛が明治維新の大事業をなしとげて、しばらく故郷の鹿児島に帰っていたときの話です。ある日、野良着姿で犬を連れてウサギ狩りに出かけたとき、一人の士族と行き合いました。士族というのは、それまでの武士に与えられた称号です。

その士族が「おい、おい」と西郷さんを呼び止めて、「これをすげろ」と、鼻緒の切れた自分の下駄を指さしました。西郷さんはその男の足もとにしゃがみこみ、鼻緒をすげました。その士族は、あとでそれが西郷さんだったと知ってまっ青になりましたが、それ以来、西郷さんを心から尊敬するようになったといいます。

この逸話は、私たちに大きな教訓を与えてくれます。

私たちも、自分の地位や立場にとらわれた接し方をすることがありますが、そういう「小我《しょうが》」を離れることが大事なのです。自分を高く見せようとする「小さな我」を捨てると、「相手も同じ仏の子である」という大きな気持ちになれます。そこに相手の「仏性《ぶっしょう》」が見えてきて、よき縁になるふれあい方が生まれてくるのです。

中国の天台大師が説かれた「一念三千」という教えがあります。簡単にいうと、私たちの一念から三千の世界が展開する、ということです。私はこれをわかりやすく、「自分が変われば相手が変わる」と表現していますが、こちらから広い心で相手を受け入れれば、相手も心を開いて、こちらの懐に飛びこんでくるものです。

まずは、自分から相手を受け入れていくことが、地域社会を初めとするあらゆる場面で、豊かな人間関係を築いていく鍵であって、「普門示現」の第一歩なのです。

世界平和をめざして

みんな「一仏乗」に乗っている

「東西の冷戦」という言葉はもはや過去のものとなり、アメリカとソ連の間で競い合って増強してきた核兵器も、処分に困るようになってきました。

では、世界がほんとうに平和になったかといえば、まだまだ各地で民族間の紛争があとを絶たないようです。また、そうした紛争が一つ解決したとしても、単に戦争がないというだけでは「平和な世界」とはいえません。飢餓や貧困といった争いの原因そのものが解消して、世界じゅうの人が幸せに暮らせるようになって初めて、真の平和といえるのです。そういう意味では、世界はやっと平和へのスタートラインに立ったばかりというべきでしょう。

このような世界を見ながら法華経を読ませていただくと、この経典によれば、世界じゅうの人がそろって幸せになれるはずだ、と確信できる教えが随所に見られます。

たとえば「方便品《ほうべんぽん》」の、「若《も》し法《ほう》を聞《き》くことあらん者《もの》は　一《ひと》りとして成仏《じょうぶつ》せずということなけん」という一節もそうです。この教えを聞いて実践していく人は、だれでも成仏できる、つまり「目ざめた人」になれて、仏さまのような大きな慈悲心をもつことができるというのです。これを世界という単位で見ると、世界じゅうが慈悲心の通い合う社会となり、つまりは平和になるということにほかなりません。

また「譬諭品《ひゆほん》」には、「今此《いまこ》の三界《さんがい》は　皆是《みなこ》れ我《わ》が有《う》なり　其《そ》の中《なか》の衆生《しゅじょう》は　悉《ことごと》く是《こ》れ吾《わ》が子《こ》なり　而《しか》も今此《いまこ》の処《ところ》は　諸《もろもろ》の患難《げんなん》多《おお》し　唯我一人《ただわれいちにん》のみ　能《よ》く救護《くご》を為《な》す」とあります。

人類はすべて仏さまの子であって、この世界には困難な問題が次々に現われるけれども、その問題も仏さまのご守護のもとに解決して、帰するところは平和な世界、仏の浄土になるというのです。

まさに、みんなが仏さまと同じ一つの乗り物、「一仏乗」に乗せていただき、仏さまの世界に住まわせていただいているのです。

慈悲の心を開く縁に

そうはいっても、世界の平和はいっぺんに天から降ってくるものではありません。立正佼成会の会員綱領に「家庭・社会・国家・世界の平和境（常寂光土《じょうじゃっこうど》）建設のため……」とありますが、一人ひとりが生活のなかで、家族とのあいだに「和」を築くことから始まるのです。まず第一歩として「家庭成仏」があり、それが社会や国としての「成仏」に広がり、さらには世界の平和へとつながっていくのです。

家庭に争いがなく、幸せな生活がいとなまれていると、「自分だけが幸せをいただいていては申しわけない」といった気持ちが自然に湧いてきます。そこで、広く世の中にも目を向けて、「困っている人のために何かしなければ」という気持ちになるのです。

先日、「アフリカへ毛布をおくる運動」の現地での活動がテレビで紹介された翌日、本部の渉外課（当時）に、一般市民の方から「私も協力したいけれど、どこに送ればいいか」という問い合わせが殺到したといいます。

これも、みんなが「仏性」をもっていて、慈悲の心が脈々と流れていることの証明でしょう。ですから、だれかが慈悲心を発露させている「縁」にふれると、多くの人が自然に自分の「仏性」を開いて、慈悲の行動に参加してくれるのです。そして、そういう喜びのなかで、おのずと仏道を歩み始めるようになるのです。

衆の力を集めて

比叡山に延暦寺を開いた伝教大師最澄《でんぎょうだいしさいちょう》に、「一身弁《いっしんべん》じ難《がた》く、衆力成《しゅうりきじょう》じ易《やす》し」というお言葉があります。一人では何もできなくても、大勢の力が集まると大きなことも容易にできるものです。

世界の平和というような個人の手にはあまる問題であっても、多くの人の力が一つにまとまれば、その影響力は大きなものとなります。そうした活動として、「世界宗教者平和会議」や、「明るい社会づくり運動」が生まれたわけです。

「世界宗教者平和会議」が始まったばかりのころ、外国の記者からよくこんな質問を受けました。

「巨額のお金を使って世界宗教者平和会議のような会議を開いて、実際に世界の平和のために、役に立つのですか？」

それに対して、私はこう答えました。

「むずかしいからこそ、やりがいもあるのです。世界の平和は、一回や二回の会議で即座に達成できるものではないでしょう。しかし、世界の宗教者が一致して、人類全体のめざすべき目標を掲げ、そこに向かって歩み続けるとき、必ずその理想は達成されます。だからこそ、この会議を続けることが大事なのです。それに、軍備にかける費用に比べたら、会議の費用など安いものです」と。

そう自信をもっていえたのも、私たちはこの地球という一つの乗り物に乗り合わせた仲間であって、みんなが神仏の子として兄弟姉妹であると確信しているからです。

世界には数多くの宗教があり、過去には対立の原因となったことも事実です。けれども、それぞれの教えも根本のところでは、個人の心の平和と世界の平和、そして人類すべての幸せを願っていることでは一致しているのです。そのことに気づいた諸宗教の代表者が一堂に会したのが、先月（平成六年十一月）イタリアで開かれた第六回「世界宗教者平和会議」でした。

この第六回大会では、私の二十四年来の念願だったローマ教皇のご出席も実現しました。全世界のカトリック信者の信仰を集める教皇ヨハネ・パウロ二世聖下のお言葉を直接頂戴《ちょうだい》できたことは、神仏がこれまでの世界宗教者平和会議の活動と成果をご照覧になっていて、「善哉《ぜんざい》、善哉」とお認めくださったからに違いありません。

とにかく、世界の平和という大きな目標に向かって、みんなが力を合わせることが大切なのです。世界宗教者平和会議の活動も、諸宗教の仲間と手をたずさえ合う「正定聚《しょうじょうじゅ》」（必ず仏になる人の集まり）の実現なのです。それぞれの進みは一歩ずつであっても、世界平和に向けての歩みをたゆみなく続けていこうではありませんか。

ともに説法を聞いた縁

霊鷲山で一緒に法を聞いた友

私はこの五月（平成五年）に、中国佛教協会会長の趙樸初《ちょうぼくしょ》先生のお招きで、天台座主《ざす》の山田恵諦猊下《やまだえたいげいか》（第二百五十三世天台座主）とご一緒に中国を訪問します。

三人は非常によく気が合い、話もよく合いますので、かつて趙樸初先生が「三人はその昔、霊鷲山《りょうじゅせん》で一緒にお釈迦《しゃか》さまの説法を聞いた仲ではないでしょうか」といわれたことがあります。趙樸初先生は詩人なのでそういう表現をされたのですが、あるいはそうかもしれません。

法華経にも、「授学無学人記品《じゅがくむがくにんきほん》」に「我阿難等《われあなんとう》と空王仏《くうおうぶつ》の所《みもと》に於《お》いて、同時《どうじ》に阿耨多羅三藐三菩提《あのくたらさんみゃくさんぼだい》の心《こころ》を発《おこ》しき」とあります。お釈迦さまは、その昔に阿難《あなん》と一緒に空王仏《くうおうぶつ》のもとで菩提心を起こした、というのです。法華経は、そういう考え方のお経なのです。はるかな過去世から仏さまに仕え、その教えを聞いて、生まれ変わり死に変わりしながら、仏さまとの「縁」を深めてきたと教えているのです。

中国においては、天台大師智顗《ちぎ》が、南岳大師慧思《えし》に弟子入りしたとき、南岳大師はこういったと伝えられています。

「昔は共に霊山《りょうぜん》に於《おい》て同じく法華を聴けり。宿縁の逐《お》う所今復来《いままたきた》る」

これは、「昔、霊鷲山で、そなたと一緒に釈尊の法華経の説法を聞いた。その宿縁が熟して、そなたはいま、私のところにやってきたのだ」ということです。

わが国にも同じような話があります。聖武天皇が東大寺を建立されたとき、行基《ぎょうき》菩薩をその大法会の講師として招請されました。そのとき行基は、「近いうちに異国から一人の聖者がまいりますから、私よりもその方のほうが適任でございましょう」と申しあげました。果たしてそのとおり、法会が催される直前に、菩提僊那《ぼだいせんな》というインド僧が難波の港に到着しました。それを迎えた行基は、こういう歌を詠んでいます。

「霊山の釈迦のみまへに契《ちぎ》りてし真如《しんにょ》くちせずあひみつるかな」

――昔、霊鷲山で教えを一緒に聞いて、その教えを広めようと約束しましたが、その真実はいまも朽ちることなく、ここでまたあなたとお会いできました、という意味です。

こういうさまざまな例からおしはかると、趙樸初先生と山田恵諦猊下の私たち三人が、二千五百年前の昔、一緒にお釈迦さまの教えを聞いたことも、あるいは真実かもしれません。

仏縁は子孫まで伝わる

それはともかく、人と人の出会いには、たいへん大切な意義があります。

「袖《そで》振り合うも多生《たしょう》の縁」という言葉がありますが、道で見知らぬ同士が行き違って袖と袖がふれあっても、それは長い過去世の「縁」がそうさせるのだ、というのです。ですから、同じ法華経の信仰者同士が一堂に会して説法を聞くということは、なみなならぬ「仏縁」によるものと思わなければなりません。「仏縁」と簡単にいいますが、現実的に考えてみても、前世で仏像を拝んだとか、仏法を聞いて信心を起こしたといった経験は、表面の心ではすっかり忘れていても、潜在意識の底にはちゃんと刷りこまれているのです。

「信解品《しんげほん》」の「長者窮子《ちょうじゃぐうじ》のたとえ」もそうです。窮子が父親と別れて五十年もの放浪生活をした末に、われ知らず父親の住む町へ足が向いたように、潜在意識が知らずしらずのうちに働いて、仏法に引かれていくのです。Aの人がそうなら、Bの人もそうです。そして、ある機会に同じ席で仏法を聞く結果になるのです。

ですから、法座などで初めて会った人でも、「仏縁があればこそ出会ったのだ」と考えていくと、旧知の人のように親しげに話し合えるはずです。そうすると、その「仏縁」はいよいよ深まっていきます。それも現世のことだけでなく、未来に向かっても「仏縁」を結ぶものと思っていいでしょう。現在の信仰心は子々孫々にも伝わり、そこでまた多くの花を開き、実を結ぶのです。

法縁を大切に

先日、大学生の大会があって、七千百人もの大学生が大聖堂に参集しました。これはただごとではありません。純真な若い人たちが、自分たちの力で、あれほど多くの学生を大聖堂に連れてきたということは、すばらしい功徳だと思います。

全国の大学生は数百万人（当時）いるでしょうが、そのなかから七千百人という人が、あるいは北海道から、あるいは九州からはるばる旅をして、ご本尊の前に集まった。友だちを連れてきた人もいるでしょう。また、信仰とは何かもわからないまま参加した人もいるでしょう。そういう人たちを一堂に会せしめ、説明役、説法役をつとめた人、劇まで演じて信仰の意義を伝えた人、すべてが「学生菩薩」だと私は観じました。

お釈迦さまは「随喜功徳品《ずいきくどくほん》」で、こうお説きになっています。「法華経の説法の座で、あとから来た人に『さあ、ここに座ってお聞きなさい』と、座席を譲ってあげた人は、まことに大きな功徳をなしたものである」と。

これは、「法縁」の大切さを説いているのです。すべての人が「仏性」をもっているのですが、その「仏性」が目をさまさないと、悟りにも救いにも達することができません。ですから、多くの人に法華経の「縁」にふれていただくことが菩薩行にほかならないのです。先日の大学生の大会に接して、私はあらためてこのことを深く感じたのです。

一般のみなさんも、団参（本部参拝）で全国から大聖堂に参拝に来られます。団参の旅は楽しいものでしょう。大いに楽しんでください。そして、大聖堂に一歩入ったら、大勢の同信の人たちとともに、お釈迦さまのご説法を聞く気持ちになっていただきたいものです。そこには、諸仏・諸菩薩・諸天善神もその席に連なっておられるのですから。そうした深い敬虔《けいけん》な気持ちになれることが、団参の大きな功徳なのです。どうか、ともに説法を聞ける縁を大切にしていただきたいと念じます。

みんな仏さまの愛弟子

仏さまを恋慕渇仰する

私は、立正佼成会の会員さんは仏さまの「愛弟子《まなでし》」であると確信しています。その理由はいろいろありますが、およそ四つにまとめることができます。第一に、仏さまを恋慕渇仰《れんぼかつごう》していること。第二に、「仏性」を授かっていることを信じていること。第三に、サンガを大切にしていること。第四に、「一人が一人を導く」ことを目標として、実行していることです。

第一の理由から考えてみましょう。

立正佼成会の会員の心のよりどころは法華経の教えですが、その「譬諭品」には、「今此《いまこ》の三界《さんがい》は　皆是《みなこ》れ我《わ》が有《う》なり　其《そ》の中《なか》の衆生《しゅじょう》は　悉《ことごと》く是《こ》れ吾《わ》が子《こ》なり」とあります。これは、「この世界のすべての人は、みんなわが子ですよ」とお釈迦さまがおっしゃっているのです。

また、「如来寿量品《にょらいじゅりょうほん》」には、「其《そ》れをして渇仰《かつごう》を生《しょう》ぜしむ　其《そ》の心恋慕《こころれんぼ》するに因《よ》って　乃《すなわ》ち出《い》でて為《ため》に法《ほう》を説《と》く」とあります。

「信仰」とは理屈や学問ではなく、神仏を敬い、慕い、その教えのとおりに生きていくことです。仏さまに心から感謝し、お慕いし、のどの渇いた人が水を求めるように仰ぎ求める、それが「恋慕渇仰」の心です。そこから「ああ！仏さまは私たちの親なのだ。子である私たちをいつも護《まも》っていてくださるのだ」という気持ちが、ひしひしと湧いてくるのです。

会員のみなさんは、仏さまに心から帰依《きえ》し、「恋慕渇仰」しているわけですから、仏さまの「愛弟子」に相違ないのです。

善き友は仏道のすべて

ところで、仏さまのことを「虚空《こくう》のどこかにおられる、自分とはかけ離れた存在だ」と思っている人も多いのではないでしょうか。そうではないのです。「如来寿量品」に「常《つね》に此《ここ》に住《じゅう》して法《ほう》を説《と》く」とあるように、じつは、いつも私たちのそばにいてくださるのです。

江戸時代に、白隠禅師《はくいんぜんじ》という名僧がいました。そのもとによく来る信者が、いつも何かつぶやいているので、白隠禅師が「何をつぶやいているのか」と聞くと、「南無阿弥陀仏《なむあみだぶつ》と称《とな》えています」と答えたそうです。

「その阿弥陀仏はどこにおられるのか」

「西方十万億土におられます」

「いつもそこにおられるのか」

「いいえ。世界じゅうをめぐり歩いて、人びとを救っておられるのです」

そこで、白隠禅師が「いまは世界のどこにおられるか」と聞くと、「私の心の中におられます」という答えです。名僧とうたわれた白隠禅師も、これにはほとほと感心されたそうです。

まさにそのとおりです。仏教に「一切衆生悉有仏性《いっさいしゅじょうしつうぶっしょう》」という言葉があります。これは、仏さまはすべての人間の心の中におられる、という意味であるといえます。みんながみんな、仏さまになれる可能性をそなえているのです。そのことを、私たちは確信しています。

サンガの仲間同士でも、よそからのお客さまにも、合掌してごあいさつするのはそうした心のあらわれなのです。これも、仏さまの「愛弟子」である証拠です。

いつもお話しする例ですが、あるとき阿難が、お釈迦さまに「善き友とともにあることは、仏道の半ばにも当たると思いますが、いかがでしょうか」とお尋ねしました。すると、お釈迦さまは即座に、「そうではない。半ばではなく、仏道のすべてである」とお諭しになられました。

「仏道」というのは、すべての人を幸せにする道です。その理想を達成するためには、多くの人が心を一つにすることが必要です。一人ひとりがバラバラに信仰していては、そうした力は生まれてきません。

その点、立正佼成会は、サンガの助け合いを大切にする教団です。会員の一人ひとりが、自他ともに信仰を究めていくために、サンガの「お役」を大切にして、手をとり合って仏道修行に励んでいます。これまたお釈迦さまのお心に合致するもので、まさしく「愛弟子」であるといっていいでしょう。

「比丘たちよ、伝道を始めよう」

お釈迦さまが鹿野苑《ろくやおん》で、五人の比丘《びく》に最初の説法をされたことを「初転法輪」といいます。それからしばらくのあいだに入門する人が増えて、いつのまにかお弟子の数が六十人に達しました。教団としてはまだまだ少数ですが、お釈迦さまは早くも、お弟子たちに布教・伝道の旅に出ることを命じられました。

「比丘たちよ。私は、いっさいの束縛から自由になった。比丘たちよ。そなたたちもまた、いっさいの束縛から自由になった。さあ、伝道を始めなさい。多くの人びとの利益《りやく》と幸福と安楽のために。そして、一つの道を二人して行かないように。

比丘たちよ。初めも善く、中も善く、終わりも善く、道理と表現を兼ねそなえた法を説きなさい。また、円満かつ清浄《しょうじょう》な梵行《ぼんぎょう》を説きなさい。

人びとのなかには汚れの少ない者もあるが、法を聞くことを得なければ、堕落するであろう。法を聞けば、彼らは目ざめた人になるだろう。
比丘たちよ。私も法を説くために、ウルヴェーラー（優楼頻螺《うるびんら》）のセーナーニガーマ（将軍村）へ行こう」

これが、いわゆる「伝道宣言」の全文です。それまでの宗教は、専門家である僧に祈禱《きとう》をしてもらい、身の安全や幸福を願うのが一般的でしたが、ここに初めて「自分自身が布教者となれ」という大目標が掲げられたのでした。

この「伝道宣言」で大切なのは、「一つの道を二人して行かない」という一語です。六十人の弟子たち一人ひとりに、別の道を行って伝道しなさい、というのです。そして、お釈迦さまご自身もお一人で、マガダ国のウルヴェーラーへと向かわれたのでした。

立正佼成会でも「入会即布教者」を信条とし、「一人が一人を導く」を合言葉として、多くの人に仏道をお伝えしようと励んでいます。まさしく、お釈迦さまの「伝道宣言」をそのまま受け継いでいるのです。

どうかみなさん、ともに「自分は仏さまの愛弟子である」という確信をもって、まっすぐに仏道を歩んでまいりましょう。

桶の中の芋洗い

法座で仲間と磨き合う

私の母の実家の村には流れの速い川があって、その川で里芋を洗っていました。そのやり方といえば、泥のついた里芋を桶《おけ》の中に入れて川の中に浸しておくと、水の流れる力で桶の中の里芋がゴロゴロまわり、芋と芋とがお互いにこすれ合って、まっ白な〝洗い芋〟になるのです。このようなやり方は、いまでもあちこちの地域で行なわれているでしょう。

なぜこんなことを言い出したかというと、それが立正佼成会のサンガのあり方、とくに法座の修行にそっくりだからです。お互いが磨き合って、人間として高まっていく姿がそのとおりだからです。その流れる水とは、もちろん仏さまの教えです。そして、法座という桶の中で、サンガのみなさんが互いに切磋《せっさ》琢磨《たくま》していくとき、さまざまのすばらしい結果が出てくるわけです。

俗世間で生活している私たちは、いろいろな垢《あか》を身につけています。貪欲《とんよく》もあるでしょうし、羨望や嫉妬もあるでしょう。そういう垢に染まりがちな人ほど、ときどき機会をつくって心の垢をとり除いていくことが大事です。

その機会というのが、法座にほかならないのです。信仰を同じくするもの同士が心を裸にして悩みや苦しみを語り合い、人の苦しみを自分の苦しみと感じ、人の喜びを自分の喜びとして手をとり合う。「把手共行《はしゅきょうこう》」という言葉もありますが、手をとり合って、ともに仏になる道を進んで行くということです。

そうした真心の交流のなかで、自然に心の垢が除かれていって、もともと平等にそなわっている「仏性」が磨き出されてくるのです。それも、人さまの背中の垢を洗わせてもらうことで、自分の気づかない垢も落ち、まっ白な「仏性」があらわれてくるところがありがたいのです。

法座をひと口でいえば、「出会いの場」です。ふれあい、語り合い、学び合う場です。肩と肩を寄せ合って、反省し合うこともあります。悩みをぶつけ合って、悲しみを分かち合うこともあります。その「合う」ことの核心が「心の磨き合い」であって、それこそが「桶の中の芋洗い」なのです。

法座のように血と血が通い合う修行形態は世界にも例がなく、諸外国の宗教学者がこぞって注目しているところなのです。

厳しい助言もお慈悲

裸と裸のぶつかり合いである以上、きれいごとばかりではすみません。きつい忠告や、気にさわる言葉を聞かされることもあるでしょう。それをどう受けとめるか。そこが大事な岐《わか》れ路《みち》です。

私は断言します。それを「仏さまのお慈悲」として受けとることです。人間は万事順調に、追い風だけで育つと、モヤシのように骨のない人間になりがちです。そのような人は、ちょっとした他人の悪意に遭《あ》ったりすると、たちまち挫折します。人生の航海に、逆風はつきものです。それを乗りきってこそ、一人前の船乗りとなるのです。人生の達人となりうるのです。

信仰でも同じです。お釈迦さまは出家なさってから六年間、死ぬか生きるかの苦行をなさいました。それが「究極の悟りにいたる道ではない」と悟られて苦行をやめたのですが、しかし、その六年間はけっしてむだではなかったのです。その後の五十年間の不撓不屈《ふとうふくつ》の布教伝道を支えたのは何かと考えますと、「すべての人を救おう」という大慈悲心の底に、六年間の苦行を乗りきられた体験があったことは確実です。

サンガのなかでも、逆風のような言葉に出会うことがあります。それを「仏さまのお慈悲による試練」と受けとめるところに、人間としての成長があるのです。

ふつうは、厳しい指導や叱責《しっせき》に対して、恨み心や反感を抱きがちです。そこを一歩踏みとどまって、「そうだ。自分には、あんな言葉を受ける因縁《いんねん》があるのだ。この指導を仏さまの言葉として、『ありがたい』と思わなければならない」と、感謝の気持ちで受けとめる。すると、恨み心どころか、りんりんたる勇気が湧いてきます。

「岐れ路」といったのは、そこのところです。その「岐れ路」をプラスのほうに進んで行くところに、いわゆる〝ひと皮むけた〟人間になるきっかけがあるのです。

サンガがいるから法が生きる

「久遠実成《くおんじつじょう》の本仏」というのは、全宇宙を包み、すべてのものを生かしている「大いなるいのち」です。そう聞いても、とらえどころがないように感じる人もいるでしょう。また、お釈迦さまがお説きになった教えも、俗に「八万四千《はちまんしせん》の法門」といわれるぐらい膨大で、在家の私たちが一生かかっても学び尽くせるものではありません。

さいわい、その全法門のエキスともいうべき尊い法華経があって、私たちはその法華経を信奉しています。じつに恵まれた仏弟子といっていいでしょう。

しかし、それも一人でひっそりと信仰していたのでは、よほどの人でないかぎりなかなか実生活に生かすことができず、頭だけの信仰となりがちです。

そこに、サンガの重要性があるのです。この人は信仰によってこういう功徳を得た。この人はまだ、「救われた」という喜びを味わっていない。この人は、ご法についてこんな考え違いをしている……。そういった多くの人たちが集まり、話し合い、助け合い、励まし合い、それこそ桶の中で芋を洗うように、互いに相手の垢を落とし合って、磨き合う。そこにサンガのありがたさがあります。

お釈迦さまの侍者をつとめていた阿難が、「善き友をもつことは、仏道の半ばほどの価値があると思いますが」とお聞きしたことがあります。そのとき、お釈迦さまは即座に「いや、半ばではない。善き友をもつことは、仏道のすべてである」とお答えになっています。それは「サンガがあってこそ、法が人生のうえに生きてくるのだ」というお心ではないでしょうか。それこそが、サンガによる「桶の中の芋洗い」の真骨頂なのです。

道場修行の意味するもの

常に「新しい救い」がある

私のいちばんの楽しみは、道場に出て、会員のみなさんの体験説法を聞かせてもらうことです。自分で説法するのも嫌いではありませんが、聞くほうがもっと楽しいのです。

なぜかといえば、さまざまな人の生きた体験を聞いていると、その苦悩を克服する一つ一つの実践に新しい悟りが開けて、新しい心の救いを感じるからです。道場のつどいによって、いちばん功徳を受けているのは私ではないか、と思うほどです。そして、道場を中心に、純粋な心が通い合うサンガのすばらしさを、あらためてかみしめるのです。

　さて、私たちが朝夕に読誦《どくじゅ》する「経典」の「道場観《どうじょうかん》」に、「当《まさ》に知《し》るべし、是《こ》の処《ところ》は即《すなわ》ち是《こ》れ道場《どうじょう》なり。諸仏此《しょぶつここ》に於《おい》て阿耨多羅三藐三菩提《あのくたらさんみゃくさんぼだい》を得《え》、諸仏此《しょぶつここ》に於《おい》て法輪《ほうりん》を転《てん》じ、諸仏此《しょぶつここ》に於《おい》て般涅槃《はつねはん》したもう」とあります。

　これは、私たちがいま立っているこの場所が、「仏さまが悟りを開かれた地であり、初めて法を説かれた場所であり、涅槃《ねはん》に入られた道場である」ということです。ですから、法華経を読誦したり、その教えを実践したりするところは、家庭であろうと職場であろうと、そこが「道場」にほかならないということになります。

　ただ、だからといって、仏道修行のために建てられた道場が不要というのではありません。修行するには、やはりそれにふさわしい環境が大切です。お釈迦さまも、マガダ国のウルヴェーラーの静かな林を選んで、そこで六年間も修行なさったのです。

　ましてや、世俗の暮らしをしている私たちは、家庭や職場でいろいろと心をかき乱されることが多いもので、落ち着いて道を求めるのはなかなか困難です。ですから、同じ信仰を求める人が集まる、特定の場所へ行って修行することが必要になります。立正佼成会が全国に二百十五の教会道場と四百を超える法座所をもっている（平成元年当時）のは、そのためにほかならないのです。

サンガに会うために

ところで、先の「道場観」のなかで、「仏さまが涅槃に入られた道場である」というくだりを、どういう意味だろうと不思議に思う人もあるでしょう。じつに、そのことが非常に大事な意味をもっているのです。

親しい人の死は、私たちの心を強く揺り動かします。生きているときはさほどでなくても、その人がこの世を去ったとなると、懐かしく思う気持ちが強くこみあげてくるものです。それと同じで、「仏さまがここで亡くなられた」と思うと、仏さまがご宝前（仏壇）の中にいらっしゃるように思えて、懐かしくてたまらなくなるのです。

「如来寿量品」に、「衆《しゅ》我《わ》が滅度《めつど》を見《み》て　広《ひろ》く舎利《しゃり》を供養《くよう》し　咸《ことごと》く皆恋慕《みなれんぼ》を懐《いだ》いて　渇仰《かつごう》の心《こころ》を生《しょう》ず」とある「恋慕渇仰」が、その懐かしくてたまらぬ気持ちにほかなりません。

この「懐かしむ」という情緒は、人と人とのあいだを結びつける、最も美しい紐帯《ちゅうたい》となる（結びつける役割を果たす）ものです。人間がもちうる最上の宝物といってもいいでしょう。その宝物は、利害関係のない幼なじみとか、学校の友だちとか、趣味のうえでの仲間などのあいだに生じるものです。

そしてサンガのなかの人と人のあいだにも、利害関係がありません。同じ信仰に結ばれた純粋な仲間です。ですから、道場にしげしげと通い、そこで心の底からうちとけた話し合いを重ねていくうちに、サンガの仲間が懐かしくてたまらなくなってくる。そして、つい道場へと足が向く……。これが道場のもつ大きな功徳なのです。

安らぎとぬくもりのある場所

梵語に「ビハーラ」という言葉があって、「精舎・僧院」と「身心の安らぎ・くつろぎ」「休息の場所（病院）」などを意味します。釈尊教団の数々の精舎は、信仰を深める道場であると同時に、悩む人や病む人の相談の場であり、治療の場でもあったのです。

私たちはともすると、道場を厳粛な場所と考えがちです。もちろん、「法」を聞き、「法」を求める厳粛な場所に違いありません。しかし、厳粛ではあっても、冷厳ではないのです。冷ややかではないのです。あたたかい空気が流れているのが本来なのです。

法華経を読み直してみてください。「序品」には、天上から美しい花々が降ってくるとか、栴檀《せんだん》の香りのする風が吹いてきて、人びとの心を悦ばせる、とあるではありませんか。最後の「普賢菩薩勧発品《ふげんぼさつかんぼっぽん》」の結びには、「一切《いっさい》の大会《だいえ》皆大《みなおおい》に歓喜《かんぎ》し、仏語《ぶつご》を受持《じゅじ》して礼《らい》を作《な》して去《さ》りにき」とあるではありませんか。

このように、道場は明るい場所なのです。喜びの場所なのです。神聖な場所であるとともに、そこにはあたたかい光が満ち満ちているのです。私たちの道場も、こうであってほしいものです。というより、霊鷲山の再現であり、現代版でなくてはなりません。

そこには、舎利弗《しゃりほつ》や目連《もくれん》という大弟子もいますが、愚か者といわれながら悟りを開いた周梨槃特《しゅりはんどく》もいますし、お釈迦さまによく叱られながらも、五百の家庭を教化した迦留陀夷《かるだい》もいます。そういう人たちが、一つの仏法によって明るく胸をふくらませているのです。いい雰囲気ではありませんか。

迦留陀夷は、比丘にあるまじきことをして、お釈迦さまに叱られました。けれども、お釈迦さまは、お叱りにはなったけれども、裁きはなされませんでした。裁くというのは、冷たい行為です。一般社会では、冷たい裁きの必要な場合もあるでしょうが、サンガのなかでは、裁くようなことはあってはならないのです。叱ったり諭したりする場合でも、その人をあたたかく包みこむ叱り方、諭し方でなければなりません。

お釈迦さまがそうであったからこそ、迦留陀夷はお導きの名人となり、コーサラ国の舎衛城の町で五百組もの夫婦の危機を救い、仏道に入らせるという大功徳を積んだのです。いまの人は他人を批判することが得意で、相手を裁く気持ちも強いようですが、裁きによっては絶対に相手を救えないのです。

時代の要請に応える道場に

さて、現在の日本は物質的にはたいへん豊かになりました。その半面、心の豊かさを失い、精神的には貧しくなっているようです。そのため、ノイローゼ（神経症）のような精神的な病が多くなり、若い世代が無気力・無感動におちいり、お年寄りも高齢化社会に不安を感じるなど、さまざまな新しい悩みが生まれ、宗教が新しく見直されています。

また、心ある人は物質的な豊かさに満足せず、何かもっと次元の高い喜びがほしいと、これまた宗教にそれを求めるようになっています。

ですから、道場やサンガはそういう時代の要請を敏感に察知して、それに即応する新しい工夫も必要です。

実際に、ある教会では伝統仏教の僧侶を招いて法話を聞き、また、仏教者以外の識者によるセミナー的な法座をもつなどの試みをしているところもあるようです。結構なことです。

けれども、忘れてならないのは、道場あるいは法座というのは、一方的にある人の説法を聞く、講演会的なものであってはならないことです。参加している人みんなが、お互いに話し合い、懺悔《さんげ》し合い、磨き合い、向上し合う場であるということです。そうすることによって、サンガの仲間のあいだに「切れば血の出る」ようなつながりができ、そして道場が懐かしくてたまらない場所になれば、もう何もいうことはありません。

冒頭にお話ししたように、私自身が道場が懐かしく、道場に出ることが楽しくて仕方がないのです。願わくは、会員のみなさんもそうあってほしいものです。

最後に、私が以前によく説いた言葉で結びたいと思います。

――サンガの指導者は、いつも恵比寿《えびす》さまが砂糖をなめたような顔をしていて、集まりに参じた人はみんな鼻歌を歌いながら帰る。道場はそんなところでありたい――。

第四章

幸せは足もとに

日々を幸せに過ごす

身近にある幸せの種

幸福になるカギは、人さまを信じて、素直な気持ちで生きることです。自分の行ないを日々反省して心を正していけば、幸福はおのずとやってくるのです。

ともすると人間は、お金がないときは「お金さえあれば楽になれる」と思いがちです。ところが、お金ができると今度は遊びぐせがついて、かえって「苦」を増すことになりかねません。

また、家がないときは「家がほしい」と思いますし、家ができると「調度品をそろえたい」と思います。それはだれしもが願うことですが、次から次へと欲望をふくらませると、そこに「苦」が生じてきます。

人間の欲望というのは、一つかなえられると、次に「もっと」と際限なく湧いてくるものですから、いつまでたっても気持ちが楽になることはないのです。けれども、心のもち方をちょっと変えると、身近なところに幸福の種がたくさんあることに気づきます。ただ、心が欲にとらわれているときは、たとえ幸せであっても、それに気づかないのです。

土手に土筆《つくし》が芽を出したら「もうすぐ春が来る」と、わくわくする。庭に朝顔の花が咲いたら「きれいだなあ」と、素直に愛でる。朝食で、夫がみそ汁をすすりながら「うまい」といった。子どもが元気よく「ただいま」と学校から帰ってきた。そうした瞬間、瞬間が、幸福にほかならないのです。

つまり、心が素直で、謙虚で、ありのままをありのままに喜ぶことができる人は、幸福の瞬間をたくさん味わうことができるということです。

友人と山登りをして、のどが渇いたので水筒の水を飲もうとすると、水が少なくてコップに半分ずつしかゆき渡らなかった。それを「なんだ、たった半分か」と、グチをこぼす人もいますし、「半分でも、のどがうるおされてありがたい」と、感謝して飲む人もいます。どちらが幸せな人か、どちらが周囲の人に快い感じを与えるかは、いうまでもないことでしょう。

人生というものは、小さなできごとがたくさん積み重なってつくられるものです。日常、無数に起こる小事に幸福感をおぼえるか、不幸感をおぼえるかによって、その人の一生が幸福であるか不幸であるかが分かれるのです。

ふれあいのなかに喜びが

私の郷里は新潟県の菅沼ですが、子どものころ、私の家によく瞽女《ごぜ》さんなど旅の客が泊まりに来ました。私の家は十二人の大所帯でしたが、みんながいやな顔一つせず、気持ちよく応対したのです。

夕食をふるまい、風呂を沸かし、翌日は弁当を持たせて送り出したものです。そういうふうでしたから、村の人も「あの家なら泊めてくれる」といって、案内してくるのです。

私の祖父は重太郎という名前でしたが、十日町で伝染病患者が出たときは、治療にあたった漢方医を手伝って、三か月ほど病人の世話を続けたことがありました。

　そのとき、漢方医が祖父に医学の知識や薬の処方を教えて、「南庭」という号を授けたのです。祖父は、村に急病人があると駆けつけて応急手当てをするなど、医師のいない村でたいへん重宝にされたということです。

　祖父は、時間や身を惜しまずに、いつも人さまのために尽くし、しかも、いきいきとして輝いていました。身をもって人さまに奉仕する祖父の姿から、私は多くのことを学びました。人間の幸せというのは、人に尽くしたり、思いやったり、心配したりして、また、人から思われたり、頼りにされたりしながら生きるところにあることを強く感じたのです。

　そして、そのような人と人とのふれあいのなかに、人間のほんとうの喜びがあることを知ったのです。

感謝と愛情があれば幸福に

　私のこれまでの人生をふり返って、いろいろな方々のお陰を思うと、幸せとは「恩」を感じることであるように思います。恩を感じるというのは、相手の愛情を感じとることであって、多くの人たちの恩を感じるということは、「多くの人たちの愛情に包まれている」という実感をもつことにほかならないのです。

すべてのものに感謝し、すべてのものに愛情を抱きつつ生きることができれば、こんなに幸福なことはないのです。そして、世の中に自分の役割があることを自覚し、それを誇りとしてこそ、幸せを感じるのです。自分の仕事に精魂を打ちこめば、それが人さまのため、世の中のためになるのです。

このような人は、愛情をもって互いを支え合うようになり、すべての命あるものと調和して生きるようになります。そうなってこそ、世の中は平和で、住みよいものになるのです。

「苦」を喜びに変えていく

いろいろ苦難があっても

「家族そろって健康でありたい」「安穏な生活を送りたい」「仕事で大きな成果をあげたい」というように、だれもがいろいろな願いをもって生きています。目標に向けて精いっぱい努力し、まわりの人と力を合わせて喜びを感じることほど、楽しいことはありません。

その一方で、人生ではさまざまな困難に直面します。不況のあおりで会社の経営が苦しくなった人もいるでしょうし、家族が交通事故に遭《あ》ったという人もいるでしょう。また、子どもが学校でいじめにあって深刻に悩んでいる人もいるはずです。また、そうした大きな「苦」だけでなく、夫婦間のちょっとした不和や、隣近所や職場での人間関係のこじれといった日常的な苦悩もあります。

そういう「苦」に対処するには、どうすればいいのでしょうか。

昔から「楽は苦の種、苦は楽の種」といいます。人生には、苦しいときもあれば、楽しいときもあります。ものごとが順調に運んでいるときは幸せに思いますが、そこで楽をしていると、そのうち苦労をしなければならなくなります。苦労の多いときに辛抱して、倦《う》まず弛《たゆ》まず努力をしていると、やがて安楽に過ごせる日がくるのです。

肝心なのは、苦しいときの受けとめ方です。苦難に出会ったときに、その苦を「楽の種」に変えていけるような対処の仕方をしたいものです。

私も年々、目や耳や足腰が不自由になってきました。これも「苦」だといえば、「苦」に違いありません。しかし私は、体が多少不自由になるまで長生きできることを「ありがたいことだ」と思います。これも「みなさんが、私の健康と長寿を念じてくださるお陰さまだ」と、感謝の気持ちでいっぱいになるのです。

経済的な問題でも、人間関係の問題でも、健康面の問題でもそうですが、何かに「苦」を感じるそのもとにあるのは、不足不満の心ではないでしょうか。いま直面している事態に感謝の念をもてれば、「苦」が「苦」ではなくなります。その「苦」を、楽に変えていくこともできるのです。

法座で「苦」が感謝に変わる

「苦」を乗り越えるためには、まず「苦」の原因を見極めよ、と仏教では教えています。「苦」の原因を見極めたら、その原因をとり除くよう努力すれば、その「苦」は消滅してしまうわけです。

人間関係の不和という悩みの場合も、相手を責める気持ちをいったん捨てて、自分の態度をふり返ってみると、自分のほうも相手にきつい態度をとっていたことに思い当たるものです。そういう反省ができて、「申しわけなかった」のひとことが伝えられれば、互いに思い合える人間関係ができていくのです。

「苦」を解決するうえで、いちばん力強い味方は、同じ信仰をもつ仲間です。サンガ（同信の仲間）です。そういうサンガの仲間が、「苦」の原因の発見に大きな力になってくれるのです。

私たちは「苦」の原因をまわりの人や条件に押しつけがちですが、じつは自分が「苦」の原因をつくっていることが多いのです。しかし、自分ではそれがなかなか気づけないものです。よく「傍目八目《おかめはちもく》」といいますが、はたから見ると、直面している問題の核心が見えるもので、その人自身の心や行動が「苦」の原因になっていることもよくわかります。

それを、法座に集まる仲間が自分の体験に照らして話してくれるので、すんなり理解できるのです。法座でいろいろな体験談を聞くと、「苦」の原因になっている自分の心を変えていけば、その「苦」がたちまち解決していくことも納得できます。そうして自分の心と態度を変えていく努力が、その「苦」を喜びと感謝に変える第一歩になるのです。

大歓喜の心で「苦」を喜びに

たとえば、大きな借金を抱えたりすると、「これだけの借金をどうやって返せるのだろうか」と思い悩み、不安とあせりで夜も眠れなくなります。けれども、抱えこんだ借金は、いくら悩んでみたところで返せるものではありません。むしろ、その「苦」と正面から向き合い、そこから何かを学ぼうとするときに解決の道が見えてくるのです。

　困難な問題がまだすっかり解消されていない段階でも、解決に向けて努力できるようになれば、それは「苦」が喜びに変わった状態です。「苦」のまっただなかにいながら、その「苦」を感謝で受けとめるようになっているからです。

　さらには、自分の出会った苦難を「仏さまの教えをより深くかみしめる仏縁だった」と受けとめることができれば、もう怖いものはありません。

　そうなると、その喜びをだれかに話さずにいられなくなります。同じような悩みを抱える人に会うと、相手にアドバイスする言葉がそのまま自分に言い聞かせる言葉になって、正しい生き方に邁進《まいしん》していく推進力になります。それで、ますます喜びに勢いがついていくのです。

　法華経《ほけきょう》の「譬諭品《ひゆほん》」には、「今此《いまこ》の処《ところ》は　諸《もろもろ》の患難《げんなん》多《おお》し　唯我一人《ただわれいちにん》のみ　能《よ》く救護《くご》を為《な》す」というお言葉があります。

人間として避けることのできない「生老病死《しょうろうびょうし》」の「四苦」を初めとして、世の中にはさまざまな悩み苦しみや困難が多いけれども、仏さまは必ずその苦しみから救い出してくださる、とおっしゃっているのです。

そういう仏さまの大慈悲心に包まれていることを信じて、大歓喜の心で「苦」を喜びに変えていくよう精進《しょうじん》していきたいものです。

条件が悪いときこそ

悪条件は向上のための階段

この二年ほど景気の冷えこみが続き、壮年の方々のなかには、いろいろとご苦労なさっている方が多いと思います。しかし、そういう条件の悪いときというのは、一つ見方を変えれば、次の幸せへの大きな階段なのです。

たとえば、山登りでもそうです。ゆるい坂は歩くには楽ですが、いつまでたっても高度はかせげません。胸をつくような険しい坂を登るのは苦しいものですが、それを辛抱して登っていくと、なだらかな坂道を行くよりはるかに早く頂上に到達します。

また、ものごとが順調に運んでいるときは、そこそこの努力をしていれば、それなりの成果が得られます。しかし、目の前に難問が立ちふさがったようなときは、ありったけの力をふりしぼり、「ああしたら」「こうしたら」と思いをめぐらせます。こうして全知全能を傾けるとき、それまで考えてもみなかった妙案が浮かんでくるのです。

つまり、困難に直面しているときこそ、じつは階段を一つ上がるチャンスなのです。これは、私自身と立正佼成会が身をもって体験したことで、単なる気休めではありません。そして、そのチャンスを本物にするためには、まず仏さまのご加護を信じて、困難を乗り越えるために正しく行動していくことです。そうすれば、必ずその難局を乗りきることができて、一まわりも二まわりも大きくなれるのです。

仏さまのご加護を信じるというのは、「いま直面している困難も、じつは仏さまの大慈大悲の働きかけである」と信じることです。別な言葉でいえば、自分の隠れた力を引き出すために、仏さまが用意してくださった試験問題であると受けとめることです。

そうなると、困難から逃げ出そうとする気持ちが消え去って、「腰を据えて難局にとりくみ、問題の解決に向けて最善の努力をしよう」という勇気が湧いてくるはずです。つまり、条件の悪いときほど、自分の最善の努力ができるときなのです。

懺悔が智慧を生む

だれでもそうだと思いますが、思いがけない難局に直面すると、それまで自分がしてきたことに対して「どこが間違っていたのかな」と、反省する気持ちも湧いてきます。これも、悪条件がもたらす大きな功徳《くどく》で、条件がよいときには忘れがちな、謙虚さをとりもどせるのです。

仏教では、日常に起こるものごとをどのようにとらえているかといえば、「善因善果、悪因悪果」という言葉が、いちばんわかりやすいでしょう。善いことをしていれば、必ず善い結果が生じてくる、ということです。

ところが、日ごろ「善因」を積むよう心がけているつもりなのに、たまたま不都合な結果が出てきた、ということもあります。そのとき、目の前の悪い現象を恨むか、それとも「私のどこが足りなかったのか」「仏さまは何を教えてくださっているのか」と反省できるかで、もっと苦しみにはまりこむか、楽に苦境を乗り越えられるかが分かれるのです。大事なのは、「神も仏もあるものか」と思いたくなるようなときこそ、神仏が私たちに自分を省みる謙虚さに目ざめる呼びかけをしてくださっているということです。

私のいちばんの楽しみは、ご命日に大聖堂で会員さんの体験説法を聞かせてもらうことです。そして、会員さんの説法を聞いていて感じることは、苦しいなかで自分を正直に反省できた人ほど、素直に自分の心を切り替えることができて、早く幸せになっていくということです。

よく「どうして佼成会の会員さんは、人前であれほどまでに正直に懺悔《さんげ》ができるのか」と感心される方がいますが、正直に懺悔ができるから仏さまの智慧《ちえ》もいただけるのです。

「仏説観普賢菩薩行法経《ぶっせつかんふげんぼさつぎょうぼうきょう》」（懺悔経《さんげきょう》）に、「若《も》し懺悔《さんげ》せんと欲せば　端坐《たんざ》して実相《じっそう》を思《おも》え　衆罪《しゅざい》は霜露《そうろ》の如《ごと》し　慧日《えにちよ》能く消除《しょうじょ》す」と説かれています。

仏さまの前に自分のありのままをさらけ出せば、それこそ朝露がお日さまに照らされて消えるように、犯した罪や悩みがかき消えていくのです。そういう意味では、この教えは「懺悔滅罪」の教えでもあるのです。

心がきれいになると

仏さまの前で正直に懺悔ができると、心がきれいになり、目の前のできごとのなかに、仏さまの説法が聞こえてくるようになります。法華経の「如来寿量品《にょらいじゅりょうほん》」に、「常《つね》に此《ここ》に住《じゅう》して法《ほう》を説《と》く」とあります。仏さまは、いつも私たちのそばにいて法を説かれているのですが、自分に都合よくものごとが進んでいるときは、そういう仏さまの説法に耳を傾けることを忘れがちなのです。

条件の悪いことに出会ったとき、佼成会では、法座で幹部さんからの指導、「結び」をもらいます。法座に座って悩みの一部始終を正直に話せば、幹部さんが「こういう心になればいいんですよ」と指導してくれます。それは、幹部さんの「結び」という形で仏さまの智慧をいただくことにほかなりません。ですから、そのとおりに実行すれば目の前の条件も変わって、難題もすぐに片づいていくのです。

そこで「教えのとおりに、まっすぐに仏道を歩もう」という気持ちになれば、「こうして苦しみを見せてもらったのは、自分を幸せにしようという仏さまのお慈悲だった」と、しみじみわかるのです。そして、「仏さまの教えをしっかり守っていこう」と決定《けつじょう》していると、どんな困難に出会おうと、そんなものは流れのなかの泡のような一時のもので、いずれは涅槃寂静《ねはんじゃくじょう》という安らかな境涯になれることもわかってくるのです。

私は、どんな悪条件であっても、それは「仏さまが私たちを向上させ、成長させようとなさる大慈悲である」と確信しています。その大慈悲を思えば、目の前の「苦」を感謝で受けとめられるのです。

どうか、苦しみから逃げることなく、すくむことなく、正面から危機に立ち向かってほんとうの幸せを得られるよう祈念いたします。

心が濁ったときは

「仏と同じ自分」に自信を

近ごろつくづく思うことは、怒りや恨み、妬《ねた》み、貪《むさぼ》りといった濁った心をもつことなく、いつもきれいな気持ちでいることが、いちばん幸せな生き方だろうということです。

法華経の「方便品《ほうべんぽん》」に、「諸仏世尊《しょぶつせそん》は、唯一大事《ただいちだいじ》の因縁《いんねん》を以《もっ》ての故《ゆえ》に世《よ》に出現《しゅつげん》したもう」と説かれています。その「一大事《いちだいじ》の因縁《いんねん》」とは何かといえば、「すべての人に仏の智慧を得させて、清浄になるように教え導く」ということです。この「清浄」というのは、わかりやすくいえば、いつもきれいな気持ちでいるということでしょう。

お釈迦《しゃか》さまは、そうなるには四つの順序次第があるとお説きになっておられます。その順序次第というのは、「すべての人に、仏の智慧に目を開かせ、その智慧がどのようなものであるかを示し、そのような智慧に達しうる本質をすべての人間がもっていることを悟らせ、それを完成する道に入らせる」という、「開示悟入《かいじごにゅう》」の四つの順序です。

このなかでいちばん注目しなければならないのは、「仏の智慧に達しうる本質をすべての人間がもっている」ということでしょう。わかりやすくいえば、「すべての人に仏性《ぶっしょう》がある」ということです。

そう聞いても、多くの人は自分の日常生活を省みて、「ほんとうに自分に仏性といったものがあるのだろうか」と思うことでしょう。しかし、それは無用の心配です。お釈迦さまがそのことを確かに保証してくださっているのですから。

お釈迦さまは仏の悟りを開かれた直後に、このようにつぶやかれたといいます。

「不思議だ。不思議だ。すべての人間、生きとし生けるものみんなが、仏と同じ智慧と徳相《とくそう》を具有《ぐゆう》している。ただ、妄想《もうぞう》や執着《しゅうじゃく》があるために、それを悟らないだけなのだ」

お釈迦さまが確かに見抜かれたのですから、現実の姿がどうであろうと、自分の心の奥には「仏性」がちゃんとあるのだと信じていいのです。自信をもっていいのです。

そういう自信をもちさえすれば、おのずから心はきれいになっていきます。このことを、まず第一に心得ておいていただきたいものです。

お題目を唱えれば

ところで、現実の問題として日常生活のうえでは、最初にお話ししたような濁った心が起こることがしばしばあるものです。そんなときは、どうしたらいいのでしょうか。

まず第一に、朝夕の読経供養をしっかりと勤めることです。ご供養のあとのひととき、気持ちがすがすがしくなることは、だれしも経験されることでしょう。

その余韻を一日じゅう味わっていられるようになれば理想的ですが、もし仕事のことや職場での人間関係、家庭内のトラブルなどで、ついつい濁った心が起きかけたときは、心のなかで「南無妙法蓮華経《なむみょうほうれんげきょう》」のお題目を繰り返し唱えるといいでしょう。きっと心が落ち着いて、清浄になります。まことに、不思議なくらいです。

日蓮聖人も、そのことを次のような言葉で勧めておられるともいわれます。

「我が心本《こころもと》より覚《さとり》なりと始めて覚《さと》るを成仏と云ふなり。所謂《いわゆる》南無妙法蓮華経と始めて覚る題目なり」（『御義口伝《おんぎくでん》』巻下《かんげ》）

「覚」というのは、目ざめることです。自分の「仏性」に目ざめることです。

ですから、「南無妙法蓮華経」と唱えると、自然と自分の「仏性」に目ざめ、仏さまと同じような清らかな心になれるというわけです。まことに、そのとおりだと思います。

日常茶飯事を幸せにするコツ

もう一つ、ぜひ心得ておきたいのは、日常のちょっとしたできごとにも、感謝の念をもつことです。特別に親切にされたり、手厚いもてなしを受けたりしたとき、「ありがたい」と思うのは当然ですが、日常茶飯事にも、いつも感謝しながら暮らしたいものです。

たとえば、朝起きて東の空が明るんでおれば「いいお天気だ。ありがたい」と思い、反対に雨が降っていても「きょうはゆっくり本が読める」とか、「湿度が上がるお陰で風邪をひく人が少なくなる」と考えるのです。

また、階段を踏み外して膝小僧をすりむいたとします。そんなときも「捻挫しなくてよかった。仏さまが、階段を降りるときは気をつけなさいと教えてくださったのだ。ありがたい」と感謝するのです。

このように、ものごとをいいほうに、いいほうにと受けとめ、感謝、感謝で暮らすことです。それは、宇宙の「大いなるいのち」の恩恵を感受するアンテナの感度を磨くことにほかなりません。

さらに、きれいな気持ちになれる最大の秘訣《ひけつ》は、人のために尽くすことです。「人さまのために役立ちたい」「人さまに親切にしたい」「人さまを幸せにしてあげたい」という気持ち。それがとりもなおさず、「きれいな気持ち」にほかなりません。

そのひとときは、いわゆる「忘己利他《もうこりた》」で、自分を忘れて他の人を利益《りやく》したいという、清浄無垢《しょうじょうむく》な心になっているからです。こんな道歌があります。

「人をのみ渡し渡して己《おの》が身は　岸に上がらぬ渡し守《もり》かな」

いい歌ですね。「無量義経《むりょうぎきょう》」の「十功徳品《じゅうくどくほん》」に、「未《いま》だ自《みずか》ら度《ど》せずと雖《いえど》も而《しか》も能《よ》く他《た》を度《ど》せん」とあります。仏教では、人を仏法に導いて救うことを「度す」といいますが、訓では「度《わた》す」と読んで、「渡す」と同じ意味になります。ですから、自分はまだ悟ってはいないけれども、人さまを悟りの岸に渡すことができる、ということになります。そう知れば、いっそうこの歌の尊さがわかってくることと思います。

私が口ぐせのように「一人が一人を導く」といっているのは、みなさんがこのような喜びの境地を味わい、ほんとうの意味で「きれいな気持ち」で暮らしてほしいからです。

どうか、そのことをもう一度よくかみしめて、手どりやお導きに精進していただきたいと思います。

正直の道を行く

いつも神仏がご照覧

日本人は昔から、「正直」や「勤勉」を人間として踏み行なうべき道であり、第一の徳目としてきました。「正直の頭《こうべ》に神宿る」といわれますが、サンガにおいてはもちろん、だれに対してもいつも正直にしている人は、必ず神さま仏さまのご加護をいただけるのです。

「正直に、ありのままに」というのは、私の口ぐせのようになっている言葉ですが、仏さまのお心に適《かな》った生き方をしようと思えば、まず、正直になればいいのです。

正直な心とか、素直な心とか、真心とかいいますが、それは仏さまとまっすぐに結ばれた心です。私たち人間の本性は、仏さまと同じ慈悲心であって、つまりは「仏性」なのです。

ですから、いつも正直に、「仏性」をまっすぐに出していれば、心に何一つ迷いがなく、安穏な気持ちでいることができます。反対に、何かのはずみでうそをついたり、ごまかしたりすると、心がチクチク痛んで落ち着きがなくなり、次々に悩みの種が押し寄せてくるのです。

もうずいぶん前のことですが、京都の清水寺貫主の大西良慶先生から、こんなお話をお聞きしたことがあります。

「ふつうの人間は、表ではいいことをしてみせるが、裏にまわるとよくないことでも平気でしかねない。しかし、信仰者というのは、表も裏も、昼も夜も、すべてを神仏にご照覧いただいているので、悪いことや隠しごとは一つもできない。そこが、ありがたいところや」

そのお話をうかがって、「なるほど、そうだな」と、思い当たったものでした。

神仏を敬いながら生きてきた昔の日本人は、折あるごとに神社仏閣にお参りをしたものです。私が生まれ育った新潟県十日町市の菅沼でも、小さな村のなかに鎮守さまの諏訪《すわ》神社を初めとして、大日如来や薬師如来、子安観音といったように、数多くの神さま、仏さまが祀《まつ》られていました。

私は、小学校の校長先生だった大海《だいかい》伝吉先生の「神さま仏さまを拝みなさい」という教えを守って、学校の行き帰りに神社やお地蔵さまの前を通るとき、必ず立ち止まっておじぎをしたものでした。

深いわけまではわからなかったのですが、神さま仏さまが見守ってくださっているような気がして、いつも正直にしなければと思ったものです。

飾らないと楽に生きられる

「ありのままに」というのは、自分を飾らずに、開けっぴろげにして、すべてを見ていただくことです。

私たちは、神仏に見守っていただくだけでなく、まわりの人たちからも見られているのです。「信仰者というのは、どういう生き方をするものか。よいところがあれば自分も教えてもらいたいし、お手本にもしたい」と思って見てくださっているのですから、隠しだてすることなく、あるがままの自分を見ていただけばいいのです。

その場合も、見栄を張ったり、体裁をつくろったりすると、心が窮屈になり、ストレスになるだけです。自分を偉く見せようという気持ちを捨てて、むしろ「まだまだ足りない人間ですが」と頭を下げる気持ちで、行住坐臥《ぎょうじゅうざが》に教えを実践している姿を、ありのままに出していけばいいのです。

まわりの人とふれあうときも、何か間違った行ないに気づいたときは、率直にいわせてもらえばいいのです。そのとき、「あらためさせるには、どう言って聞かせたらいいか」などと構えてみたり、「むやみに注意すると、反発されそうだから」と遠慮したりすると、その迷いが「苦」になってしまいます。強く叱ろうとか、やさしく諭そうとか、いちいち才覚する必要はないので、自分が感じたままを素直に、ありのままにいわせてもらえばいいのです。

長沼妙佼《みょうこう》先生（脇祖）も、幹部さんたちに対して、時には厳しく、時には慈悲深く、「厳愛《げんない》の二法」で接しておられましたが、それがそのときどきの「ありのまま」の真実のふれあいだったのです。

とにかく、自分をつくらず、飾らず、思ったことや体験したことを、ありのままに、正直に表現していれば、いつでも気持ちを楽にしていられるのです。

正直は一生の宝

だれでも、生まれたばかりのころは、正直な心のもち主なのです。ところが、知恵がつくにしたがって、正直な心が薄れていきます。とくに「自分が少しでも得をしたい」という思いが強くなるにつれて、正直さを失うのです。ですから、自分のことはあとまわしにして、「まず人さま」と考えていると、謀《はか》りごとや隠しごとをすることもなく、いつでも正直でいられるのです。

いつも正直な心を保つ方法は、仏さまの懐に飛びこんでしまうことです。自分のことにこだわる小さな気持ちを捨てて、仏さまの大慈大悲の心に飛びこむ。その大慈悲心が、自分にも授かっているのだと心が定まれば、あとは素直に、正直の道を行けばいいのです。

いつも正直にしていると、心になんのわだかまりもなく、すがすがしい心境になれます。そして、その清浄な心に神仏の力が集まって、ご守護をいただけるのです。

「正直は一生の宝」という言葉がありますが、正直に、ありのままにしている人のまわりには、大勢の人が寄ってきます。それが、一生の宝なのです。

大安心で生きるには

ご守護と受けとめる

「人生における最高の幸せとは何か」

こういう質問をする人があったら、私は躊躇《ちゅうちょ》なくこう答えるでしょう。

「神仏のご守護を受けて、自分が生かされていることを確信することです」と。

日々の生活のなかで、幸せを感じることはたくさんあります。しかし、それはほんの一時的な幸福感にすぎません。たとえばゴルフをしたあと、ひと風呂浴びてから冷たいビールをグーッと飲み干す一瞬は、なんともいえない、いい気持ちになります。しかし、翌日は税務署に出頭しなければならない、ということもある。また、恋人とデートして食事をした、幸せいっぱいである。だが、家に帰れば、近いうちに提出しなければならないレポートが待っている、ということもある。人生、万事おおむねそんなものです。

ところが、「自分は神仏のご守護を受けて、生かされているのだ」という確信があれば、たとえどんな苦難に遭遇しても、大安心《だいあんじん》でいられるのです。この確信、つまりご守護をしっかりと受けとめている大安心こそが、最高の幸せなのです。

仏教の信仰者の場合も、初めのうちは自分の願いに適った結果が出たときは「ご守護がいただけた」と感謝感激しますが、そういう結果が出ないと「ご守護がかかっていない」などと不満顔になりがちです。このような人は、まだその「確信」ができていないのです。

仏さまは、私たちの行動を隅から隅まであたたかく見守ってくださっています。仏さまには、私たちを不幸にしようなどという気持ちは微塵《みじん》もなく、一人残らず救うために、間違った生き方をしている人がいれば「早く目ざめなさい」と呼びかけてくださるのです。それがたまたま、私たちにとって心配ごとのような形で現われることもあるわけです。

ですから、ほんとうの信仰をもっている人は、たとえ病気をしても動揺することなく、「これも仏さまのご守護だ」と受けとめ、感謝の気持ちで療養できるので、お医者さんも驚くほど早く快癒するのです。

死さえも感謝で

もっと極端なことをいえば、死についても同じです。人間は必ず死ぬのです。一人として、死から逃れることはできません。そのときに際して、恐怖や絶望感のうちにそれを迎えるのか、「仏さまのおはからいのまま」と、安らかな気持ちであの世に旅立つのか、その違いは一《いつ》にかかって、日ごろの信仰と実践にあるのです。

お釈迦さまの十大弟子の一人で、「説法第一」といわれた富楼那《ふるな》が、気性の荒い人たちが住む国に布教に行くことを申し出たとき、お釈迦さまがその覚悟のほどを問われました。

「富楼那よ。もし人びとがそなたを罵《ののし》り、嘲《あざけ》るようなことがあれば、どうするつもりか？」

「世尊よ。そのときは、彼らはいい人だと考えます。　私を棒で殴ったりしないのですから」

「では、彼らが棒で殴りかかったら、どうか？」

「そのときは、彼らは刀で私を斬りつけるわけではない、と思います」

お釈迦さまが「かの国の人びとがそなたを殺そうとしたら、どうするか」と尋ねると、富楼那は「たとえ彼らに殺されても、それで私は絶対の安らぎの境地に入ることができるのですから、ありがたいことです」と申しあげました。

お釈迦さまは、その心境を「善哉《ぜんざい》、善哉」とおほめになりました。

みなさんにはそこまでの覚悟はむずかしいかもしれませんが、死さえも感謝で受けとめられたら、こんな幸せなことはありません。

ところで、「あの人はすぐにご守護をいただくのに、私はなかなかご守護をいただけない」という声を耳にすることもあります。仏さまから見れば、ご守護に早いも遅いもないのです。ただ、私たちのほうで教えのとおりに功徳を積んでいれば、すぐにでも幸せになれるのです。なかなかご守護をいただけないのは、苦労するような種を自分でまいているからなのです。そこをしっかり反省できれば、自分もちゃんと仏さまのお心にとめていただいていることが自覚できて、「ありがたい試練をいただいた」と感謝で受けとめられるのです。

「四法成就」の説のごとくに

法華経のしめくくりの「普賢菩薩勧発品《ふげんぼさつかんぼっぽん》」に、「四法成就《しほうじょうじゅ》」という教えがあります。

「一《いち》には諸仏《しょぶつ》に護念《ごねん》せらるることを為《え》、二《に》には諸《もろもろ》の徳本《とくほん》を植《う》え、三《さん》には正定聚《しょうじょうじゅ》に入り、四《し》には一切衆生《いっさいしゅじょう》を救《すく》うの心《こころ》を発《おこ》せるなり」

こういう人が、ほんとうに法華経の教えを身につけた人であり、法華経のとおりに人生を生きる人である、というのです。

第一に、諸仏に守護されていることを確信しなさいと、ここに明言してあります。そして、仏さまに護られていることが確信できると、じっとしていられなくなって、さまざまな徳本を植える、つまり世のため、人のためになる菩薩《ぼさつ》行《ぎょう》をしたくなるのです。

「諸法無我《しょほうむが》」の教えのとおり、この世のすべての存在は、あい依り、あい助け、もちつもたれつして存在していることはまぎれもない事実です。ですから、進んで人のために尽くす行動に踏み出すことが、この世に生きる真の意義であり、それがとりもなおさず、仏さまへの感謝の行ないにほかならないのです。

そのような行動も、自分一人の力ではなかなかできにくく、また、大きなパワーを発揮できません。ですから、正しい目的をめざす人びとの仲間（正定聚《しょうじょうじゅ》）に入ることが大事と教えられているのです。

仏教では、この社会を構成する人びとを正定聚、邪定聚《じゃじょうじゅ》、不定聚《ふじょうじゅ》の三つの種類に分類します。

「正定聚」というのは、いつも正しい行ないをして、仏の境地をめざして努力している人たちです。自他の「仏性」を開顕すべく精進している人たちの集まりともいえます。

それとは反対に、いつも邪心をもって悪をなす人びとの集まりが「邪定聚」です。そして、その二つのグループのどちらにも属さず、正定聚の影響力が強くなるとそちらに従い、邪定聚の勢いが強まるとそれになびくというように、心や行動が定まらない人たちが「不定聚」です。「正定聚」と「邪定聚」はごくわずかで、大多数の人たちが「不定聚」に属していると仏教では教えるのです。

ですから、この社会をよくするためには、「正定聚」の力を大きくしていくことが大切なのです。すると、大多数の「不定聚」の人がそれに従い、社会全体が大きくそちらに動きます。そういう人を増やさなくてはならないのです。

こうして仲間と励まし合って功徳を積んでいくなかで、世の中のすべての人びとを救い、すべての生き物を救いたいという気持ちがひとりでに養われてきます。つまり、仏さまのお心と一致してくるのです。

ともあれ、幸せなことに、私たちは仏道を歩ませてもらっています。その歩みは、「何ごとも仏さまのご守護」と受けとめることが出発点であることを、心から確信していただきたいと切望いたします。

三宝に帰依してみんな幸せに

仏さまからの励ましを信じて

法華経の「方便品」に、「若《も》し法《ほう》を聞《き》くことあらん者《もの》は　一《ひと》りとして成仏《じょうぶつ》せずということなけん」という一節があります。私は、ここを読むたびに、「すべての人を幸せにしてあげたい」という、仏さまの奥深い願いをひしひしと感じるのです。

法華経の教えをよりどころとして日々を過ごしていても、時には迷いや悩みが出てくるものです。そんなとき、「せっかく修行を重ねてきたのに、骨の折れることばかりで、なんの功徳もないのでは」と、途方に暮れることもあるでしょう。けれども、この一節を読み返してみると、勇気が湧いてくるはずです。

とくに「一りとして」というところに、私は仏さまの大きな励ましを感じずにはいられません。

では、仏さまは、なぜこれほど自信をもって、「みんなが仏になれる」「みんなが幸せになれる」と言いきっておられるのでしょうか。

仏さまは、ただ一つの大事な目的のために、この世に出られたのです。その「一大事」とは、人間の生きるべき道を示し、すべての人を仏と同じ境地に導くためです。そのために、仏さまはまず、私たち一人ひとりの「仏性」が開かれるようにと、自己本位の考えのない、清らかな心で過ごせる仏の見方、「仏《ぶっ》知見《ちけん》」を教えてくださるのです。

「仏知見」を開いた人は、世の中のものごとを、ありのままに見ることができるようになります。そして、仏さまのような眼で見れば、「この世は苦悩のない、幸せな境遇になる」と信じることができるのです。仏さまは、私たちすべてをそういう仏の道、幸せになれる道に導き入れようと、ひたすら願っておられるのです。

その仏さまの願いに応えるためにも、私たちは自分の生き方を正す努力をしたいものです。その意味で、「方便品」の「若《も》し法《ほう》を聞《き》くことあらん者《もの》は」という言葉には大事な意味があると思います。

サンガの体験は生きた法

この「法を聞く」というのは、単に「聞いている」ということではないのです。それは、仏さまの教えを「体で聞く」こと、つまり体得することの大切さを教えているのです。

たとえば、病気というのはだれにとっても苦痛なものです。けれども、「人間はだれしも、生・老・病・死を避けて通ることはできないのだ」と思い定めて、あわてず、騒がず、病気の治療に専念できたとします。すると、それまでのふさいだ気持ち、すさんだ気持ちが消えて、同じ病気に苦しむ人を励ますこともできて、さらには健康な人にも生きる勇気を与える存在になれるのです。その人は、病をもちながらも、心は仏さまと同じ境地に生まれ変われることを、身をもって体験したといえるわけです。

ですから、私たちが「苦」と感じることでも、「仏の道に入らせてもらうきっかけである」と受けとめると、人生をより積極的に生きていけるようになります。

そして、いつも仏さまと同じ境地に心を保ちたいと思うとき、同じ信仰のもとにつどう人たち、すなわちサンガの仲間の存在が何よりもありがたく思えてきます。

先日もある大会で、長いあいだ子どもが授からず、離縁まで考えたご婦人の説法を聞かせてもらいました。そのご婦人が、ご主人や両親に感謝の気持ちで尽くすようになり、周囲の人のことを第一に考えて過ごすようになったら、しばらくして子どもさんを授かったというお話でした。

そのお話に感動しましたが、もっとうれしく思ったのは、その説法の「子どもを授かることができました」というくだりでの、会員さんたちの大きな拍手でした。そうした光景に接するとき、私はつくづく、「立正佼成会を創立してよかった」と思うのです。人さまの喜びが二倍にも三倍にも感じられるのは、そんなときです。

サンガには大勢の人がいますが、一人ひとりがそれぞれ違った人生を歩んできたわけですから、信仰によって救われた体験も違います。ですから、望む結果がすぐに得られず、疑いの心が湧いたときでも、サンガに飛びこんでいけば、道理を説明してくれる人、ものごとの見方を教えてくれる人と、いろいろな人生の経験者がさまざまな信仰体験を見せてくれるのです。

お釈迦さまが「善き友とともにあることは、仏道のすべてである」とおっしゃったように、サンガはみなさんが幸せをめざして歩むうえで、大きな力となるのです。

みんなと一緒に幸せになる

「私はまわりの人より、幸せになるのが遅いのでは？」などと、不満に思う人もいるかもしれません。でも、心配することはありません。そういう人も、法華経の教えにふれたときから、もう「救われの道」を歩き始めているのです。

仏にいたる道のりのなかで、声聞《しょうもん》、縁覚《えんがく》、菩薩《ぼさつ》といった修行の違いがあるように説かれていますが、結局は「一仏乗」なのです。つまり「みんなが仏になれる教え」であり、「必ず幸せになれる教え」なのです。

要は、「いつまでも自分中心の考え方にふりまわされていないで、仏性のほうに心を切り替えていこう」と、スカッと正直な気持ちになって、仏さまの懐に飛びこんでいけばいいのです。

その入り口は、どこにでもあるものです。毎日きちんとご宝前（仏壇のこと）のお給仕をさせていただいて、お経をあげる。時には不平不満の心で座っても、お経をあげているうちに、さまざまな面で救われをいただいていることに気づかせてもらえる。そんな日に、ふと「霊鑑《れいかん》」（過去帳）を見ると、慈悲の深かったおばあさんの命日であったりして、そのことをまた一つありがたく受けとめられるのです。

そうして大歓喜の気持ちを起こすようにしていくと、いつのまにか幸せな人生を歩いている自分に気づくはずです。

どうか、みなさん、サンガの仲間とともに大いに幸せになってください。

初出
月刊「佼成」（佼成出版社発行）
平成元年一月号～平成十年十一月号

本書は、右をもとに編集したものです。

なお、掲載時からの時間の経過にともない、説明を要すると思われることがら等を加筆ならびに修正しました。

編者

庭野 日敬（にわの にっきょう）
1906年、新潟県に生まれる。立正佼成会開祖。長年にわたり宗教協力を提唱し、新日本宗教団体連合会理事長、世界宗教者平和会議国際委員会会長などを務める。著書に『新釈法華三部経』（全10巻）『法華経の新しい解釈』『瀉瓶無遺』『人生、心がけ』『この道』など多数。1999年、入寂。

立正佼成会ホームページ https://www.kosei-kai.or.jp/

Kosei shuppan

庭野日敬平成法話集3
常に此に住して法を説く（つねにここにじゅうしてほうをとく）

2024年3月5日　初版第1刷発行

編　者　立正佼成会教務部
発行者　中沢純一
発行所　株式会社佼成出版社
〒166-8535　東京都杉並区和田2-7-1
電話　(03) 5385-2317（編集）
(03) 5385-2323（販売）
URL　https://kosei-shuppan.co.jp/
印刷所　株式会社精興社
製本所　株式会社若林製本工場

◎落丁本・乱丁本はお取り替えいたします。

ISBN978-4-333-00712-7 C0015

庭野日敬の『法華経』の本

『仏教のいのち法華経』

●B6判・函入／464頁●定価（本体1、714円＋税）
ISBN978-4-333-01434-7

電子書籍あり

釈尊の生涯と仏教の基本的教理について、『法華経』の理解を念頭に置いて解説する。『新釈法華三部経』（全十巻）の字句索引付き。

ワイド版（三冊セット・分売不可）

『法華経の新しい解釈』

●A5判・函入／総752頁●定価（本体2、500円＋税）
ISBN978-4-333-00707-3

電子書籍あり

法華三部経（『無量義経』『法華経』『仏説観普賢菩薩行法経』）全巻を各品ごとに詳説。

ワイド版（三冊セット・分売不可）

『現代語の法華経』

●A5判・函入／総702頁●定価（本体2、500円＋税）
ISBN978-4-333-00703-5

電子書籍あり

法華三部経（『無量義経』『法華経』『仏説観普賢菩薩行法経』）全巻の現代語訳本。

文庫ワイド版

『新釈法華三部経』 全十巻

1 無量義経 ISBN978-4-333-00693-9
2 序品・方便品 ISBN978-4-333-00694-6
3 譬諭品／信解品 ISBN978-4-333-00695-3
4 薬草諭品／授記品／化城諭品 ISBN978-4-333-00696-0
5 五百弟子受記品／授学無学人記品／法師品／見宝塔品 ISBN978-4-333-00697-7
6 提婆達多品／勧持品／安楽行品／従地涌出品 ISBN978-4-333-00698-4
7 如来寿量品／分別功徳品／随喜功徳品／法師功徳品 ISBN978-4-333-00699-1
8 常不軽菩薩品／如来神力品／嘱累品／薬王菩薩本事品／妙音菩薩品 ISBN978-4-333-00700-4
9 観世音菩薩普門品／陀羅尼品／妙荘厳王本事品／普賢菩薩勧発品 ISBN978-4-333-00701-1
10 仏説観普賢菩薩行法経／字句索引 ISBN978-4-333-00702-8

●B6判／平均500頁●定価（本体1、200円＋税）

法華三部経（『無量義経』『法華経』『仏説観普賢菩薩行法経』）全巻の訓読・現代語訳・解説からなる叢書。

庭野日敬平成法話集（全3巻）

『菩提の萌を発さしむ《ぼだいのめをおこさしむ》』

庭野日敬平成法話集1

●四六判／272頁●定価（本体1、600円＋税）
ISBN978-4-333-00679-3
電子書籍あり

『我汝を軽しめず《われなんじをかろしめず》』

庭野日敬平成法話集2

●四六判／276頁●定価（本体1、600円＋税）
ISBN978-4-333-00711-0
電子書籍あり

『常に此に住して法を説く《つねにここにじゅうしてほうをとく》』

庭野日敬平成法話集3

●四六判／280頁●定価（本体1、600円＋税）
ISBN978-4-333-00712-7
電子書籍あり

ベルリンの壁崩壊、湾岸戦争、バブル経済の崩壊、阪神淡路大震災、地下鉄サリン事件……。世界、国内が揺れ動いた平成元（一九八九）年から十年の間に、立正佼成会開祖・庭野日敬が説き示したのは、人間一人ひとりの〈真の幸福〉〈苦悩と向き合う心〉、そして〈世界平和への道〉。機関誌における著者最晩年の法話を完全収録した全三巻が、仏の願いをわが願いとして生きることの意味を伝える。

編・立正佼成会教務部